Rue des Écoles

La collection « Rue des Écoles » est dédiée à l'édition de travaux personnels, venus de tous horizons : historique, philosophique, politique, etc. Elle accueille également des œuvres de fiction (romans) et des textes autobiographiques.

Déjà parus

Maurel (Olivier), *Dernières confessions d'un agent clandestin de la DGSE*, roman, 2018.

Scrive (Stéphane), *L'assassinat du gouverneur*, roman, 2018.

Forichon (Emmanuel), *Bab Rouah, la porte du retour*, roman, 2018.

Delisle (Nathalie) *Canis Majoris*, roman, 2018.

Traissac (Catherine), *Hors-piste*, roman, 2018.

Delécraz (Guy), *De miraculeuses rencontres*, roman, 2018.

Coet (Philippe), *Ces secrets qui nous accompagnent*, roman, 2018.

Jeu (Philippe), *Le Journal de Fernando*, nouvelle, 2018.

De Noter-Talvy (Catherine), *Le catalyseur*, roman, 2018.

Millet (Stéphane), *Avenue des Verts Chasseurs*, récit, 2018.

Faye (Jo-Rémi), *L'autre voie citoyenne, équitable et solidaire*, essai, 2018.

Simermann (Philippe), *Bleu*, roman, 2018.

Ces douze derniers titres de la collection sont classés par ordre chronologique en commençant par le plus récent.
La liste complète des parutions, avec une courte présentation du contenu des ouvrages, peut être consultée sur le site www.editions-harmattan.fr

MERCI LES PAUVRES !

Contact auteur
latreille.mlp@free.fr

5-7, rue de l'École-Polytechnique, 75005 Paris

http://www.editions-harmattan.fr

ISBN : 978-2-343-14310-1
EAN : 9782343143101

Jean Latreille

Merci les pauvres !

Essai

L'Harmattan

Du même auteur

Mon professeur bien hai…mé (ou pourquoi on aurait tort de dire du mal de l'enseignement et de ceux qui s'en chargent), Editions L'Harmattan, 2001, 176 pages.

A tous les grands Jacques
dont l'humanité rebelle et créative
a enrichi le monde sans appauvrir personne.

Albert Jacquart, Jacques Brel,
Jacques Higelin, Jacques d'Etat, Jacques Ellul,
Jacques Généreux, Jacques Ruplinger, Les Frères Jacques...

SOMMAIRE

Introduction

Richesse des pauvres, misère des riches

« Il y a partout des pauvres »[1]

Les pauvres ne sont pas des gens simples

C'est étonnant le nombre de paradoxes que l'on rencontre en étudiant les pauvres ! Le premier d'entre eux découle de la multiplicité des qualificatifs qu'on leur attribue. La richesse du vocabulaire permettant d'évoquer les pauvres est tout à fait inattendue. Elle s'explique peut-être par l'effectif impressionnant de l'armée des damnés de la terre, ou par le foisonnement de personnalités singulières qui peuplent la foule immense des démunis. Ou peut-être est-ce ce mystère qui les entoure, cette méconnaissance dont les non-pauvres font preuve à leur égard, qui est la cause de ces innombrables termes qui les désignent ? Quoi qu'il en soit, le constat est indiscutable : cette faune-là est d'une diversité surprenante, à en juger par la variété des noms qu'on leur donne. Miséreux, gueux, mendiants, va-nu-pieds, clodos, crève-la-faim, pouilleux, miteux, paumés, mendigots, misérables, indigents, nécessiteux et vagabonds sont quelques-uns des multiples sobriquets, rarement élogieux, avec lesquels on parle d'eux. Une telle générosité de la langue française pose question. Et le premier paradoxe concernant les pauvres vient du contraste entre ce foisonnement de synonymes sur les démunis et les maigres étiquettes collées au groupe des plus privilégiés.

Car les riches, de leur côté, n'ont droit qu'à quelques qualificatifs d'une pauvreté affligeante : rupins, richards, fortunés, nantis et nababs sont les rares termes par lesquels on peut décrire leurs situations enviables. Un champ lexical qui n'arrive pas à la cheville de celui des pauvres, même en ce qui concerne la fascination exercée sur notre imaginaire.

Maigre consolation, me direz-vous ! Si vivre une vie à l'abri du besoin doit se payer d'un nombre limité d'étiquettes sociales, aussi imagées soient-elles, qui s'en offusquera ? De

---

[1]Reine Elisabeth 1°, fin du XVI ° siècle

toute façon, le problème qui se pose concerne moins la pauvreté des façons de désigner les riches que l'étonnante richesse du vocabulaire de la pauvreté. Ce premier paradoxe sur les pauvres mérite en effet qu'on s'arrête dessus un instant : comment des situations aussi peu enviables peuvent-elles donner lieu à tant de désignations et de distinctions aussi subtiles ?

Il faut croire que les pauvres fascinent, depuis toujours. Et à mon humble avis, c'est parce qu'ils sont porteurs d'un mystère encore non résolu, un mystère que je voudrais aider à éclaircir dans ce livre. Je voudrais étudier une par une toutes les représentations des pauvres que la société a construites au fil des siècles, pour montrer que celles-ci reposent sur un socle commun à toutes : aussi nombreuses et diverses soient-elles, nos représentations des pauvres reposent sur le rôle indispensable qu'ils jouent auprès de tous les non-pauvres. La thèse au cœur de ce livre est donc la suivante : *nous devons tous quelque chose aux pauvres*. Les entrepreneurs leur doivent leur production, les commerçants leur doivent leur chiffre d'affaires, les législateurs leur doivent leur système juridique et carcéral, les humanistes eux-mêmes et les grandes religions leur doivent la cohérence de leurs systèmes de valeurs. L'humanité, enfin, leur doit une conscience des limites qui la sauvera peut-être de la jouissance effrénée menant au vide existentiel, lui évitant au passage d'être condamnée au sombre avenir que le système marchand prépare aveuglément.

Nous avons tous envers les pauvres une dette immense que nous ne pouvons pas leur payer, si ce n'est en les remerciant chaleureusement d'exister. Un projet qui n'est pas près de se réaliser puisque, comme vous l'avez certainement remarqué, lorsque l'on s'adresse aux pauvres c'est rarement pour autre chose que pour leur adresser des reproches. Je voudrais tenter de vous convaincre que, pour des raisons qui n'ont rien à voir avec la compassion et qui reposent réellement sur *la compréhension de ce qu'ils sont, de ce à quoi ils servent et de ce que nous leur devons*, nous devrions reconnaître, à rebours de tous les contempteurs des riches, que la part de l'humanité qui nous est actuellement la plus nécessaire est celle du grand peuple des pauvres.

Que les pauvres lèvent le doigt !

Encore faudrait-il se mettre d'accord sur l'identité de ce groupe immense auquel sont destinés nos remerciements. Car le corollaire du nombre étonnant de termes qui les désignent, c'est que l'on a du mal à trouver *une seule* définition indiscutable des pauvres. En effet, on peut considérer comme pauvres des gens tout à fait différents. Quels sont donc ces pauvres auxquels je voudrais adresser un remerciement collectif ? Quel point commun, en effet, entre un homme sans domicile fixe à la lisière de la clochardisation, une mère célibataire en galère de travail, un jeune sans qualification en rupture familiale, un ouvrier clandestin aux conditions de travail déplorables, un handicapé mental qui cumule les séjours en hôpital psychiatrique, une veuve en fin de vie sans pension de retraite, un Rom qui récupère des métaux de décharge en décharge, un clandestin qui fuit la guerre dans son pays et tant d'autres individus dont les conditions de vie justifient indubitablement que nous les placions dans la catégorie des pauvres ?

Comme le rappelle Serge Paugam dans *Les formes élémentaires de la pauvreté*, il existe trois définitions possibles de la pauvreté qui correspondent à trois approches différentes du phénomène. L'approche monétaire est la plus connue et la plus répandue. Elle consiste à définir un seuil de pauvreté relatif au revenu médian de la société, c'est-à-dire celui en dessous duquel se situe la moitié de la population. Si un individu touche un revenu inférieur à 50 % (ou 60 % selon les normes européennes) du revenu médian, il est considéré comme pauvre. En France, en 2015, le revenu disponible médian (pour une personne) était de 1692 € par mois. Cela plaçait le seuil de pauvreté à 846 € par mois, au seuil de 50 %. Je ne rappellerai pas ici les débats qui agitent les statisticiens pour savoir comment prendre en compte le nombre de personnes qui dépendent de ce revenu. Mais malgré les nombreuses discussions autour du seuil de pauvreté cet indicateur a pourtant l'avantage de l'efficacité. Une fois établi, il permet de mettre en place un comptage statistique des pauvres dont la société semble avoir besoin. Serge Paugam rappelle en effet que l'une des questions les plus fréquentes qui lui sont posées sur les pauvres est celle de leur nombre. Cela traduit sans aucun doute un besoin de surveillance ou de contrôle social : il s'agit d'un désir collectif d'observer comment évolue cette population, soit pour se rassurer si cet indicateur diminue, soit pour renforcer les mesures de protection ou de remédiation dans le cas inverse.

Une deuxième approche de la pauvreté, dite subjective, consiste à laisser les individus se placer eux-mêmes (ou non) dans la catégorie des pauvres. On comprend bien qu'une telle définition de la pauvreté est soumise à de vives critiques, ne serait-ce que parce que les individus ont tous une compréhension différente du phénomène sur lequel on les interroge. Une troisième et dernière approche consiste à définir la pauvreté par les conditions de vie des pauvres, à savoir l'ensemble de leurs rapports aux biens, aux gens, au savoir, à la culture, mais aussi au temps ou à l'espace… L'idée de ses promoteurs, rappelle Serge Paugam, est que *« ce n'est pas le manque de tel ou tel bien matériel élémentaire qui permet de définir la catégorie des pauvres, mais le cumul de handicaps ».*

Cette troisième définition se rapproche le plus de la vision de la pauvreté que je voudrais développer dans ce livre. Notamment parce qu'elle ne décrit pas la pauvreté *que* comme un manque. La vision matérialiste de la pauvreté, selon laquelle le pauvre est celui qui manque de « quelques choses » est la plus conforme aux représentations de notre système marchand mais elle n'est pas la plus judicieuse. Comme l'écrit Serge Latouche, le danger de ce regard sur la pauvreté est de confondre l'être et l'avoir. *« Le plus d'avoir, écrit-il, devient manifestement bien-être puisque le moins-avoir est un mal-être indiscutable ».* Ainsi, notre système médiatique passe-t-il son temps à nous brosser des portraits d'individus qui manquent de tout et dont on ne sait rien d'autre sur *ce qu'ils sont* que le fait qu'*ils n'ont rien.* Cette assimilation de ceux qui « n'ont rien » à ceux qui « ne sont rien » a été reprochée à Emmanuel Macron au lendemain de son élection, mais François Mitterrand l'avait déjà formulée dans un discours au moment de la création du RMI. Elle est juste l'image la plus largement partagée de la pauvreté. Cette représentation des pauvres qui vivent mal car ils ont trop peu, à l'inverse des riches qui vivent bien parce qu'ils ont beaucoup est simple, voire simpliste et ne nous mènerait pas très loin. Depuis la critique de la société de consommation menée par Jean Baudrillard et Guy Debord dans les années 60-70 (et largement reprise dans certaines chansons de Jean-Jacques Goldman) beaucoup de gens sont convaincus que l'*être* ne se résume pas à *l'avoir*. Plutôt que de concentrer mon propos sur *ceux qui n'ont rien*, je vais dans ce livre m'appuyer sur une définition de la pauvreté comme « cumul de handicaps ».

La sociologie de la pauvreté nous apprend avant tout que la pauvreté est essentiellement une construction sociale, le fruit du regard que portent sur eux ceux qui ne se considèrent pas comme pauvres. Les recherches sur la pauvreté (qui peuvent presque être considérées comme celles qui ont justifié la création de la sociologie comme science de l'étude des phénomènes sociaux) ont convaincu ceux qui en doutaient que la pauvreté est loin d'être un simple phénomène monétaire. Mais si cette dimension financière de la pauvreté reste aussi importante, incontournable dirait-on aujourd'hui, c'est parce que les revenus dans notre société marchande sont la clé d'accès à de nombreuses autres ressources.

Il suffit néanmoins qu'un individu parvienne à se procurer gratuitement ce dont il a besoin pour améliorer ses conditions de vie, pour que disparaisse la dimension monétaire de la pauvreté. Certes, notre société ne valorise que le confort obtenu par ses propres revenus, c'est-à-dire par le fruit de sa participation au système productif marchand. Toutes les formes d'économie parallèle sont perçues de telle façon que ceux qui en profitent sont considérés d'emblée comme des marginaux, des pauvres, ou assimilés comme tels. Même une personne ayant fait le choix de vivre à l'écart du système de la grande consommation sera considérée comme quelqu'un ayant fait vœu de pauvreté, une sorte d'ermite ou de Saint-François-d'Assise. C'est le cas, par exemple, de Pierre Rabhi, dont le témoignage sur une autre façon de satisfaire ses besoins dans un système respectueux des ressources naturelles trouve un certain écho chez les individus les plus soucieux de donner un sens profond à leur mode de vie. Pourtant, quel que soit son degré d'épanouissement personnel ou de satisfaction, le regard positif qu'il pourrait porter sur ses conditions de vie, quelle que soit même sa capacité à considérer son choix de vie comme supérieur à celui des consommateurs du système marchand, le démuni qui ne possède pas les signes extérieurs de richesse de notre société capitaliste est assimilé à un pauvre.

Ne réduisons pas les pauvres...

Je voudrais que le lecteur de ce livre fasse l'effort suivant, s'il veut pouvoir me suivre jusqu'au bout de ma réflexion : il lui faudra prendre *un peu* de distance avec la vision matérialiste de la pauvreté. Non pas pour faire semblant de croire que la vraie richesse est de ne rien posséder, car je ne suis pas assez mystique, ni assez inquiet sur la capacité de notre planète à satisfaire nos besoins, pour défendre un tel point de vue. Mais pour arriver à considérer que l'on peut avoir beaucoup de choses, de « babioles », comme les nommait Adam Smith, on peut posséder d'impressionnantes quantités d'objets, disposer de nombreux services, on peut jouir d'un revenu non dérisoire permettant de se procurer de telles richesses et pourtant être assimilable à un pauvre.

Car la définition la plus large de la pauvreté que je vous proposerai dans les pages qui suivent peut se formuler ainsi : *est pauvre toute personne incapable de choisir ou de maîtriser les conditions de son existence*. Être pauvre, ce n'est pas seulement manquer, car alors nous ne le serions tous, tant nos désirs sont illimités et difficiles à combler, mais c'est manquer du choix et de la possibilité de maîtriser son existence. C'est-à-dire de ne pas vivre dans les conditions de vie qui collent à nos valeurs. Les pauvres sont des gens « démunis », pas forcément (ou pas seulement) parce qu'ils n'ont rien, mais avant tout parce qu'il leur manque la possibilité de choisir d'« être » ce qu'ils veulent être.

« Tu la voyais pas comme ça ta vie » chantait Alain Souchon bien avant de décrire les *« foules sentimentales »* qui peuplent nos sociétés. Il ne s'agit pas pour moi de faire passer pour pauvre toute personne chargée de regrets, ni tous ceux qui n'ont pas pu réaliser leurs rêves d'enfant. Mais je considère que *les vrais pauvres sont tous ces gens qui n'ont pas la possibilité de vivre en mettant en harmonie leurs capacités et leurs désirs*. Cette définition rejoint celle élaborée par Amartya Sen, un économiste-philosophe dont les travaux sur la justice sociale

devraient être connus de tous. Selon ses propres termes, il « propose d'abandonner la focalisation sur les moyens d'existence pour s'intéresser aux possibilités réelles de vivre »[2]. Sans doute faudrait-il ajouter « ...de vivre dignement, ou conformément à ce qui nous semble être une vie digne d'être vécue ». Or, même dans les pays riches, de plus en plus d'habitants considèrent que la vie qu'ils vivent est de moins en moins conforme à celle qu'ils auraient pu légitimement (et sans dépense supplémentaire) espéré vivre.

Selon cette définition, un riche qui se perd dans la drogue ou l'alcool est *possiblement* pauvre. Sans que cela implique le moindre jugement de valeur de notre part, bien sûr. Ce n'est pas un « pauvre type », soyons clairs. Mais juste quelqu'un que l'existence a condamné à l'impossibilité de vivre debout. Je sais bien qu'il serait plus confortable pour vous et moi de considérer que les pauvres sont toujours et seulement des gens non fortunés, placés dans un simple inconfort matériel. Mais alors ce livre n'aurait aucune raison d'être, car tout a été dit ou écrit sur cette pauvreté-là, qui recoupe mais ne recouvre pas totalement la définition que je propose.

En revanche, et en considérant que les pauvres sont d'abord ceux qui n'ont rien mais *sont aussi et surtout ceux qui ne maîtrisent pas grand-chose*, nous allons pouvoir comprendre quelle place notre société accorde à la foule immense de ceux que l'on considère comme improductifs, puisque c'est aussi de cette façon-là que je serai amené à les définir. À vrai dire, cette vision de la pauvreté se rapproche plutôt de celle d'une forme d'exclusion, ou de relégation sociale, pour le dire comme Vincent de Gaulejac. Selon lui, « la relégation désigne cette partie de la société inemployée et inutile qui décroche, et assiste impuissante aux jeux sociaux - croissance ou conflits - dont ils sont absents »[3]. Quand émergent peu à peu autour d'un individu les caractéristiques réelles ou supposées de cette *inutilité* et de cette *absence impuissante à la vie sociale*, on entre alors, me semble-t-il, dans le territoire de la pauvreté au sens large. Formulée de cette façon, le lecteur qui me suit comprendra bien

---

[2] *L'idée de Justice*, d'Amartya Sen, p.286, cf. bibliographie chapitre 5

[3] Dans *La lutte des places*, p. 79.

qu'on peut n'avoir pas grand-chose et n'être pas si « pauvre » que ça…

Les pauvres, éclaireurs de la vie sociale

Il n'y a pas trente-six points de vue pour étudier le monde social. Selon moi, il y en a trois, pas beaucoup plus.

Soit on parle des riches. Mais leur vie privilégiée nous empêche de comprendre le monde dans sa diversité, et l'impossibilité de généraliser un tel mode de vie ne fait pas d'eux un repère très utile à la société. Ils ne sont jamais que des exceptions dans tout ce qu'ils font : exceptionnels par leur ambition, leur niveau de vie, leur goût des choses pérennes et des plaisirs légers ; exceptionnels aussi par leurs traditions désuètes couplées à une intelligence peu commune de la modernité. Tout sort de l'ordinaire chez les riches, et ils cultivent cette anormalité comme une plante rare. Comme par ailleurs leur mode de vie est totalement prédateur, ils ne peuvent pas servir de repère au reste de la société et il serait même souhaitable à l'avenir qu'ils le soient beaucoup moins qu'ils le sont actuellement.

Soit nous regardons la société à travers le mode de vie des classes moyennes. Cela ne manque pas d'être fait par la grande tribu des sociologues qui croit tenir à travers ce groupe la clé du fonctionnement de notre organisation sociale. Un internaute plein d'humour signe sous le pseudo Victor Middle des articles qui se moquent du foisonnement d'analyses stériles qui sont publiées sur les classes moyennes : « *Les classes moyennes font du ski (épuisé), Les Classes moyennes font leur course chez ED, Les Classes moyennes campent dans le Morvan, etc.* ». On se croirait dans une série d'histoires édifiantes pour les enfants. Or, les classes moyennes n'occupent pas non plus une position sociale qui peut servir de repère car elle n'a pas vocation à être stable et durable. Les classes moyennes ne sont qu'un carrefour, comme le précise Eric Maurin dans *Les nouvelles classes moyennes.* Elles sont le lieu par où l'on passe avant de devenir riche… ou avant de redevenir pauvre. Même si elles restent durablement dans cet « entre-deux » social, les classes moyennes gardent toujours le projet de sortir de leur « milieu » par le haut, agitées par la crainte terrifiante de le quitter par le bas.

Il me semble en fait que c'est en regardant vivre les pauvres que l'on peut le mieux analyser la peur du déclassement des classes moyennes et l'attrait que constitue pour l'ensemble des classes populaires et moyennes le mode de vie des riches. Car ce que les anciens pauvres craignent par-dessus tout est de retrouver cet état qui fut le leur ou celui de leurs parents et dans lequel ils savent qu'il est si dur de décider de son destin. Cette possibilité de choisir sa vie a été le projet construit par et pour la classe moyenne au cours du XX° siècle, comme l'explique fort bien Louis Chauvel dans *Les classes moyennes à la dérive.* L'âge d'or des classes moyennes, leur paradis perdu, fut cette période des Trente glorieuses où la société créa suffisamment d'emplois qualifiés et l'école suffisamment de diplômés pour permettre à un nombre important de pauvres de monter dans l'échelle sociale sans contraindre qui que ce soit d'en descendre pour leur laisser la place.

Or les pauvres, par définition, n'ont pas vécu un tel âge d'or. Ils sont ceux qui n'ont jamais eu de porte de sortie possible ; ceux, nous le verrons, qui prennent ce que la vie leur donne, ce que la société consent à leur laisser, les places de dernier choix, les produits de piètre qualité et une estime de soi faiblarde. Voilà ce qu'il reste aux pauvres. Ils passent leur vie à apprendre à se contenter de cela. Ils « font avec », au bout du compte. Ce à quoi les classes moyennes se refusent énergiquement. Ces dernières persistent à croire qu'on peut s'en sortir : elles se trompent un peu en ce qui les concerne et ont complètement tort pour ce qui est de la masse des plus démunis, fussent-ils les plus volontaires ou les plus courageux. Car le plus grand nombre *ne sortira pas* de la pauvreté : leur capacité à devenir maîtres de leur destin est quasiment nulle.

Voilà pourquoi comprendre les pauvres est finalement le meilleur moyen de comprendre notre société dans son ensemble. Et en particulier pour comprendre les angoisses des classes moyennes qui se sentent inéluctablement tirées vers la pauvreté. Pas forcément la pauvreté matérielle et objective, car on peut montrer, comme le fait Eric Maurin, que les classes moyennes restent encore matériellement et professionnellement privilégiées par rapport aux classes populaires bien plus touchées par la pauvreté, le chômage et la précarité. Mais la pauvreté que je compte analyser tout au long de ce livre, la pauvreté comme *menace d'être considéré comme improductif*, celle qui consiste à n'avoir pas les moyens de changer quoi que ce soit à sa situation sociale ou à son destin, *la pauvreté comme liberté donnée sans les moyens d'en profiter*, cette pauvreté-là, avec la crise, est en train d'atteindre l'ensemble des classes moyennes en les enveloppant peu à peu de son lourd manteau de frustrations.

Pendant qu'une élite très restreinte accumule les moyens de faire exactement ce que bon lui semble, jusqu'à modifier la marche du monde dans un sens qui lui est toujours plus favorable, le reste de la planète s'appauvrit, matériellement et/ou symboliquement. Pour lutter contre ce mouvement de nos sociétés que Jacques Généreux nomme *La grande régression*, certains s'accrochent à leurs petites richesses personnelles et les cultivent. Tous les savoir-faire pratiques reviennent au goût du jour : cuisine, bricolage, jardinage, couture, sport, écriture, musique, arts plastiques, ou tout simplement liens sociaux tous azimuts. On collectionne ce qui ne coûte rien : les amis sur les réseaux, les épisodes des séries cultes, les boîtes de camemberts et pourquoi pas pour les plus inquiets, les bonnes notes à l'école ou les tickets de jeux de hasard. Mais à travers tout cela transpire de plus en plus l'angoisse de l'appauvrissement, l'inquiétude de rejoindre ceux dont on sentait que l'existence était sans doute utile à quelque chose mais dont jamais nous n'aurions imaginé que nous puissions un jour finir par grossir leurs rangs.

Comprendre à quoi servent les pauvres

L'ambition de ce livre est de partir de la question de l'utilité des pauvres. L'économie et la sociologie refusent en effet de considérer que les faits sociaux n'existent que par accident, ou que les choses ne se font que selon les seules lois de la nature ou du hasard. Les penseurs en sciences humaines affirment que les hommes font la société et que les faits sociaux sont le résultat (intentionnel ou non) de décisions et de représentations imposées à l'ensemble de la société par ceux qui ont le plus de pouvoir. Les sociologues, par conséquent, croient aux vertus de l'action politique. Les disciples de Durkheim, fondateur de l'école de sociologie française, ne cessent d'afficher comme un étendard cette affirmation tirée de *La division du travail social* : *« Nous estimerions que nos recherches ne méritent pas une heure de peine si elles ne devaient avoir qu'un intérêt spéculatif »*. En clair : si l'on comprend les injustices sociales et si on les dénonce, c'est dans l'intention de les combattre et de les réduire.

Comprendre, donc, pour pouvoir agir. Or, si les pauvres occupent une telle place dans notre monde, c'est parce qu'ils servent à quelque chose. Et précisément, comme je l'ai déjà dit, parce qu'ils *servent* à un grand nombre d'entre nous. Pour cette raison, les chapitres de ce livre feront défiler les groupes pour lesquels, que cela leur plaise ou non, les pauvres ont une utilité : producteurs, marchands, écologistes, législateurs, humanistes compassionnels et individus sans limites, tous doivent aux pauvres de donner un sens à leur existence. Tous devraient donc les remercier de ce qu'ils sont. En cherchant bien, ami lecteur, tu seras sans doute amené toi aussi à comprendre ce que tu dois aux pauvres. Je te promets avant la fin de ce livre de trouver quelques moyens de payer cette dette autrement que par des mots, afin de respecter les objectifs du projet sociologique posé par Durkheim. Mais il nous reste avant cela une longue réflexion à mener ensemble.

Sur des épaules de géants...

Pour mener cette réflexion, je m'appuierai autant que possible sur les écrits de nombreux penseurs en sciences humaines. Mon parcours d'enseignant en sciences économiques et sociales m'a conduit à lire un grand nombre d'ouvrages au sein desquels j'ai trouvé de quoi alimenter, confirmer ou contredire ce que je pense de notre système social. Mais le fait de citer tant d'auteurs n'a pas pour objectif de balancer au visage de mon lecteur des signes extérieurs de ma richesse intellectuelle de manière à lui imposer par le poids de mes références la force de mes arguments et au passage lui faire toucher du doigt l'insondable profondeur de son inculture

(même si Confucius disait que le seul vrai savoir est justement de bien connaître l'étendue de son ignorance…)

Il se trouve que je ne voulais pas faire un simple pamphlet, une longue dissertation sur les pauvres qui ne s'appuierait que sur mes représentations immédiates du problème. Il se trouve surtout que j'enseigne ces sciences humaines à des élèves de lycée depuis un quart de siècle (en cours de Sciences Economiques et Sociales). Or, un certain nombre d'entre eux viennent de familles particulièrement en difficulté pour maîtriser le savoir savant, en raison d'origines familiales très populaires et de parcours qui ne sont pas souvent passés par l'école. J'ai toujours mis un point d'honneur, même les années où j'ai dû réduire nettement mes exigences en termes de savoir pour ne pas mettre mes élèves dans l'incapacité de me suivre, à continuer à citer les auteurs. Je fais même lire à mes élèves quelques-uns de ces livres que vous trouverez référencés en fin de chapitres. Le savoir est un bien commun qui ne prend de la valeur que s'il se diffuse et s'il sert à chacun pour améliorer sa compréhension du monde. C'est pour cette raison aussi que mon livre est truffé de références : je les offre à mes lecteurs comme des guides ou des béquilles dont j'espère qu'elles leur serviront pour aller le plus loin possible dans la réflexion que je leur propose de partager.

Il y a quelques années, un élève d'une de mes classes ne quittait jamais un seul de mes cours sans me remercier. En guise du traditionnel *« Au revoir »* que me servent la plupart des élèves bien élevés, il me disait toujours *« Merci, M'sieur ».* Il me paraissait évident que ce *« Merci »* s'adressait aussi à ceux qui ont fait l'effort avant nous de comprendre le monde social. Voilà ce qui justifie la présence de nombreux auteurs au fil des pages de ce livre. Je souhaite que ceux qui n'ont pas eu jusqu'ici l'occasion de rencontrer ces auteurs passionnants puissent tirer de leurs écrits des enseignements et des éclairages utiles. S'ils y parviennent (et si je parviens à leur en donner le goût et l'envie de nous lire jusqu'au bout), les pauvres auront mérité de façon tout à fait inattendue un premier remerciement chaleureux. En attendant, bien sûr, tous les « mercis » qui les attendent au fil des chapitres...

Merci les pauvres, mais merci aussi...

Louis Chauvel, pour *Les classes moyennes à la dérive* (Le Seuil, 2006)

Emile Durkheim, pour *De la division du travail social* (8° éd., PUF, 2013)

Vincent de Gaulejac, pour *La lutte des places* (Desclée de Brouwer, 2014)

Jacques Généreux, pour *La grande Régression* (Le seuil, 2010)

Eric Maurin et Dominique Goux, pour *Les nouvelles classes moyennes* (Le Seuil, 2012)

Serge Paugam, pour *Les formes élémentaires de la pauvreté* (PUF, 2013) et *La régulation de la pauvreté* (aux PUF, 2013, avec **Nicolas Duvoux**).

Pierre Rabhi, pour *Vers la sobriété heureuse* (Actes Sud Editions, 2013)

Chapitre Un

« A quoi servent les pauvres ? »

- Mais Don Salluste, nos gens sont terriblement pauvres...
- C'est normal : les pauvres c'est fait pour être très pauvres, et les riches très riches[4] *!*

Avez-vous remarqué à quel point les questions les plus intéressantes sont aussi les plus délicates à poser parce qu'elles sont les plus difficiles à entendre ?

« A quoi servent les pauvres ? » est l'une de ces questions qu'un gamin mal cadré serait capable de poser à des adultes figés dans les non-dits sociaux. Une question qui provoque une envie immédiate de faire taire le petit curieux qui la pose. C'est juste une question à ne pas poser. Parce que c'est une question gênante, une question qui embarrasse, qui dérange tout le monde. Et dont on n'a pas la réponse, en fait. Peut-être parce qu'on ne la pose pas... Mais pourquoi poser une question dont personne n'a la réponse ?... Pourquoi prendre le risque de blesser ceux qu'on interroge par un questionnement puéril dont rien ne nous assure qu'il puisse ouvrir sur une réponse véritablement éclairante ?

En vérité, on ne fait pas preuve de grande maturité psychologique quand on se complaît à poser systématiquement les questions qui fâchent et qui heurtent les sensibilités. Notre société du spectacle produit à la chaîne de ces chroniqueurs ou amuseurs publics spécialisés dans une provocation « gratuite » qui ne l'est pas du tout puisqu'elle ne repose que sur des motivations mercantiles et intéressées. Choquer fait du bruit (du « buzz », en termes branchés) et de ce bruit naissent des revenus considérables pour ceux qui savent en profiter. Il ne s'agit pas pour ce système avide de « bruit médiatique » de poser les questions essentielles à notre compréhension du monde, mais juste de lancer celles qui choquent, qui blessent et qui abîment ce qu'il reste de pudeur et de compassion dans une société qui en génère de moins en moins.

---

[4] *La folie des grandeurs*. Gérard Oury. 1969

Certes, il fut un temps pas si lointain où il était encore héroïque d'oser s'attaquer aux figures patriarcales et aux normes étouffantes et stérilisantes, celles qui humiliaient les petits, les obscurs, les sans-grades. Mais désormais, puisque toutes les statues de commandeurs sont tombées, c'est nous-mêmes que nous déboulonnons de nos propres socles quand nous sombrons dans la provocation généralisée. Il serait plus sage d'admettre que si une question n'a pas pour but de faire progresser notre compréhension du monde, mieux vaut la taire, tout simplement.

Voilà pourquoi, malgré son aspect provocateur et parce que jusqu'à présent cette question délicate et choquante est restée sans véritable réponse, mais aussi et surtout parce que je suis convaincu qu'elle porte en elle une grande part de l'explication de notre organisation sociale, je réitère avec l'obstination d'un enfant capricieux la question qui fâche :

« A quoi servent les pauvres ? »

Peut-on être utile si l'on n'a pas de prix ?

La société marchande dans laquelle nous avons grandi nous a convaincus que la valeur s'attache à ce qui est utile. Si un objet marchand a une fonction précise, cela augmente ce que les économistes nomment sa valeur d'usage, qui est à la base de sa valeur d'échange, à savoir son prix. C'est bien parce qu'une pizza, un GPS ou un slip de bain vont vous servir à quelque chose, parce que vous les trouvez utiles, que vous êtes prêts à débourser quelques euros pour vous les procurer. Certains objets ont même cette particularité de trouver leur utilité dans le fait... qu'ils ne servent à rien ! On leur a donné le nom de « gadgets ». Le seul fait d'avoir une fonction dérisoire ou un usage original, sans même être rare ou précieux, devient alors la fonction essentielle de ces objets qui trouvent leur utilité... dans leur inutilité ! Leur valeur d'échange reste pourtant dérisoire, puisque leur (vraie) utilité est très faible...

Le problème se pose lorsque la recherche de l'utilité commence à se porter non plus sur les choses, mais sur les individus. L'une des insultes à la mode depuis quelques années est très significative. Elle dit : *« Tu sers à rien »*. Une invective parfois agrémentée de comparaisons légères, comme dans le film *Brice de Nice*[5] (le « roi de la casse », c'est-à-dire de l'agression verbale). Brice, le héros du film, est un grand gamin mal élevé qui s'amuse à insulter tout le monde, à « casser » les gens comme il le dit avec cette fameuse expression qui fait encore fureur dans les cours de récréation. Dans une scène du film, où il enchaîne les réparties insultantes, il compare son interlocuteur au H de *Hawaï*, qui ne sert objectivement à rien du tout…

Mais seul l'humour cynique postmoderne permet de mettre à équivalence la présence d'une lettre superflue et l'existence d'un individu. Nos existences ne tirent pas leur valeur de leur utilité car nous ne sommes pas des marchandises conçues dans un but fonctionnel, sauf peut-être celui de satisfaire les besoins affectifs de nos parents. A part ce grand motif, et une fois que nous sommes venus au monde, notre seule raison d'être vient de notre existence, et nous ne pouvons servir à personne pour satisfaire l'un de ses quelconques besoins. Il n'existe en démocratie ni homme, ni femme, ni enfant-objet. Même si le capitalisme marchand est en mesure de donner un prix à toutes les choses, et qu'il ne faudrait pas grand-chose pour qu'il en donne à tous les gens, la question de notre utilité ne se pose donc pas, pas plus celle des pauvres que celle des vieux, des handicapés, des personnes de petite taille ou des « inutiles au monde », expression médiévale qui justifia longtemps l'exécution capitale de quelques vilains.

Nos vies n'ont pas de prix, ce qui signifie littéralement que si un prix devait leur être attribué, il serait en réalité infini, hors de portée du système monétaire, illimité comme l'est le prix d'une création singulière, exceptionnelle, unique. Chacun d'entre nous vaut ce que vaut un tableau de maître, un monument historique ou une espèce rare. Toutes « choses » qui trouvent même souvent leur beauté dans leur inutilité, conformément à une vision romantique datant du XIX° siècle et qui résonne encore à travers la voix de Cyrano de Bergerac : *« Non ! Non, c'est bien plus beau lorsque c'est inutile ! »* C'est parce que nous ne servons à rien de précis que nous pouvons

[5] Un film de James Huth, disponible chez TFM Distribution.

être les plus belles personnes du monde aux yeux de ceux qui nous aiment.

La preuve que nous ne sommes pas des marchandises est que nous ne sommes en réalité ni vraiment utiles, ni parfaitement inutiles. Nous n'avons pas besoin de l'être pour exister. Nous n'avons aucune « fonction » précise qui nous fut attribuée par notre (ou nos) créateur(s). Nous avons en revanche besoin d'être reconnus pour réussir notre existence, mais je ne voudrais pas brûler les étapes d'un raisonnement qui commence à peine...

Ainsi donc, la vie du pauvre n'ayant pas de prix, comme celle de tout être vivant par nature unique et exceptionnel, le pauvre ne sert à rien de précis. Mais il n'est pas pour autant inutile. La preuve, sa disparition est un drame car elle marque l'arrêt d'une vie à nulle autre pareille et signe la fin de l'existence d'un être irremplaçable pour ceux qui l'ont connu.

Cependant l'on aurait tort de réduire l'utilité du pauvre à l'affection de son cercle de proches parents ou amis. Car j'ai de bonnes raisons de penser que les pauvres sont socialement utiles, malgré le fait qu'ils ne le soient pas comme peuvent l'être des objets marchands. En fait, le raisonnement qui justifie la pertinence de la question *« A quoi servent les pauvres ? »* est très simple et il est temps que je vous l'expose.

Les cimetières de riches sont pleins de gens indispensables...

La grande surprise est que l'interrogation symétrique à notre question sur les pauvres est d'une parfaite légitimité, sans doute parce qu'elle appelle une réponse affirmative incontestable : oui, les *riches* servent à quelque chose, *eux* !

Même si les riches ne sont pas des objets avec une fonction, la vie des membres de ce groupe privilégié semble avoir un prix puisque l'on utilise le même verbe, « estimer », pour attribuer une valeur à quelqu'un ou pour dire combien il nous importe : notre société *estime* les riches dans tous les sens du terme, elle les estime parce qu'elle les aime mais elle les estime aussi parce que ce sont des gens de grande valeur ! Depuis plus de trente ans, toutes les actions de l'Etat sont évaluées selon leur capacité à éviter que les riches ne deviennent pauvres sous le prétexte tout à fait explicite que le riche est plus « estimable » socialement que le pauvre.

Ce que personne ou presque ne conteste puisque, selon une formule populaire, chacun préfère être *« riche et bien portant »*, que *« pauvre et malade »*. Mais l'affirmation sans cesse rabâchée de l'utilité des riches va au-delà de cette recherche par chacun d'une vie confortable. Car l'idée dominante est que l'existence des riches est moins la conséquence du développement de notre société que sa cause.

Dans les démocraties libérales dans lesquelles nous vivons, les riches sont considérés à la juste hauteur de ce qu'ils apportent à la société. Or, par une sorte de raisonnement circulaire, les riches sont considérés comme étant *à l'origine* de la création de richesses, comme le prouve leur situation personnelle matériellement confortable, qui en réalité *découle* de cette création. Or, si cette création de richesses est loin d'être le seul fait des riches, c'est elle qui permet que toute la société s'enrichisse et progresse. Sans riches, pas de production, pas d'entreprises, pas d'innovations, pas de progrès, mais aussi pas de prélèvements fiscaux possibles, donc pas d'Etat, pas de sécurité policière ou sociale et pas de justice, en fait.

En mettant les riches *à l'origine* de la création de richesse (et non pas en les définissant juste comme ceux qui en tirent les plus gros fruits), notre société en fait les générateurs du bien-être social, les producteurs essentiels, la condition *sine qua non* du bonheur collectif : sans eux, pas de société opulente ! Ils sont le sel de la société marchande, ils en sont tout à la fois l'origine et l'aboutissement, la raison d'être du système et le modèle à suivre par tous. Quiconque rêve de richesse et de confort reconnaît aux riches leur caractère indispensable et, disons-le, presque sacré. Nuire aux riches mettrait en péril la logique même de notre système économique et l'on comprend non seulement l'intensité avec laquelle ce groupe est convaincu de sa propre utilité, mais aussi, et plus paradoxalement, l'énergie que mettent de nombreux autres groupes sociaux moins favorisés qu'eux à les conforter dans l'idée qu'ils sont si précieux.

En fait, même quand ils ne servent pas de guides ou de modèles à ceux qui sont sans fortune, les riches peuvent encore leur servir d'employeurs ou de bienfaiteurs. Là se situe une part essentielle de l'utilité des riches : dans leur capacité à imprégner la société de leur richesse, à la faire ruisseler d'une manière ou d'une autre sur le reste de la population. Depuis les premiers économistes, cette *théorie du ruissellement*, que les anglo-saxons nomment le *Trickle-down effect*[6], justifie tous les niveaux d'enrichissement possibles des classes supérieures, puisque ce qui est bon pour eux sera, par ruissellement, bon pour l'ensemble de la société. Car quand ils ne consomment pas, les riches sont encore capables de donner ou de recycler les restes de leur consommation auprès de ceux qui en tirent toujours un menu profit. Leurs prodigalités sont multiples : des vêtements de marque envoyés au recyclage, des aliments à peine périmés distribués aux affamés, des infrastructures abandonnées ou mises à disposition du reste de la population et dans le meilleur des cas la possibilité d'offrir un emploi de domestique, voire, preuve suprême de leur puissance sociale inégalée, un vrai emploi de travailleur, de quasi-collaborateur dans le formidable système de création de richesses dont ils sont les grands prêtres. Le magazine *Challenges* rappelait en juillet 2013 que les dix français les plus riches contrôlent par leur patrimoine financier des groupes d'entreprises qui emploient près de 700.000 personnes. Ce qui permet sans doute de justifier leur utilité sociale, même si leur disparition accidentelle n'appauvrirait d'aucune manière notre économie, car les grandes administrations privées ont en commun avec l'Etat de survivre à ceux qui les dirigent. On peut toujours avancer que rien ne justifie qu'ils ne soient que dix à concentrer autant d'actifs industriels et de richesses, il faut bien admettre que ces gens-là en font vivre beaucoup d'autres.

Vous pouvez toujours déceler une pointe d'ironie dans les phrases précédentes, si vous êtes de ceux que des valeurs catholiques ou marxistes (car sur ce point précis, elles se rejoignent) amènent à mépriser à la fois l'argent et ceux qui en

---

[6] Jean Ziegler a longuement combattu cette idée qui a justifié depuis les années 80 toutes les politiques libérales avantageant les revenus élevés. Joseph Stiglitz la reprend également, dans ses écrits récents sur la montée des inégalités. Jean-Luc Mélenchon l'a également remise dans le débat public en 2017, pour mieux la dénoncer.

font le centre de leur existence ! Vous pourrez toujours remettre en cause l'utilité sociale des riches, mais cela ne fera pas disparaître la vision sociale dominante que la population porte sur eux : c'est un fait incontestable que le riche dans un monde capitaliste est affublé d'une très grande valeur aux yeux de ses contemporains. Et c'est ce fait incontestable qui donne tout son sens à la question symétrique sur l'utilité des pauvres.

Car si l'on peut sans aucune indécence se poser et répondre si aisément à la question *« A quoi servent les riches ? »,* nous devons accepter de nous affranchir des obstacles moraux qui nous empêchent de nous poser la même question à propos des pauvres. Il me fallait faire ce détour par les riches pour vous convaincre que ma question initiale est bien plus pertinente que provocante, et qu'elle se justifie par sa capacité à nous faire comprendre le monde tel qu'il est.

Nous voici en réalité face à un paradoxe étonnant : s'il est établi que les riches sont les individus les plus utiles socialement, puisque les conséquences de leurs actions semblent profiter à l'ensemble de la population, alors nous devons admettre que les pauvres ne le sont pas autant, ou beaucoup moins. Certes, ils peuvent l'être encore un peu, et l'on n'est pas tenu d'aller jusqu'à dire qu'ils ne servent à rien. Cela ne changera pas grand-chose à l'affaire, car même si les pauvres sont juste un peu moins utiles que les riches, ils devraient logiquement être moins nombreux qu'eux, ou notre société est folle. Pourquoi « produire » (ou « laisser proliférer », pour ceux qui voient la pauvreté comme une maladie) autant d'individus si peu utiles ? Et pourquoi en si grand nombre ?

De l'utilité des inutiles...

La plupart des penseurs humanistes, lorsqu'ils se sont penchés sur la question du paupérisme, ont immédiatement envisagé la possibilité de la disparition sociale des pauvres, preuve qu'ils considéraient les pauvres comme parfaitement inutiles, quand ils ne pensaient pas qu'ils étaient dangereux ou nuisibles. Alexis de Tocqueville, à qui l'on doit un très fameux *« Mémoire sur le paupérisme »* ne se posait pas du tout la question de l'utilité des pauvres, qu'il ne considérait que comme une charge pour la société. Il voyait juste leur existence comme un mal nécessaire, une sorte de fléau naturel (ou divin) dont il fallait contenir la propagation. Or la persistance du paupérisme au fil des siècles, posée comme inéluctable par Tocqueville et tous les libéraux après lui, nous oblige à nous demander s'il n'y aurait pas, dans l'existence des pauvres, quelque chose de *nécessaire* à la perpétuation de notre système social.

John K. Galbraith, économiste américain connu pour ses analyses hétérodoxes du capitalisme, a beaucoup écrit sur cette énigme que constitue la présence d'une masse étonnante de pauvres au sein d'une société qui feint d'ignorer leur existence. Un phénomène que l'un de ses maîtres à penser, le très fameux Sir John Maynard Keynes, nommait *« la pauvreté dans l'abondance »*.

Très fortement influencé également par les écrits de Thorstein Veblen sur le mode de vie des élites (bien plus que par les écrits de Marx), Galbraith était à l'affût des euphémismes avec lesquels les classes privilégiées cherchent à dissimuler toute trace de leur domination sur le reste de la société. Dans *Les mensonges de l'économie,* il affirmait par exemple que les économistes se sont purement et simplement débarrassés de la notion gênante de *capitalisme*, trop chargée du poids de toute l'analyse marxiste de l'exploitation pour la remplacer par celle d'*économie de marché*, de laquelle n'émerge aucune forme de pouvoir, un marché étant un simple mécanisme d'échange a priori très équitable (puisque tout est vendu contre son exacte contrepartie monétaire).

Dans un article intitulé *« L'art d'ignorer les pauvres »,* Galbraith se livre à son exercice favori et insiste sur le déni avec lequel les décideurs traitent la question de la pauvreté. Or, il est évident que les libéraux n'ont jamais voulu aider les pauvres. Car, selon une idée très clairement développée par Tocqueville dans son mémoire, les aider ne peut que contribuer à perpétuer leur groupe ou pire encore, à semer dans la société comme un *« germe empoisonné »,* celui des valeurs *« d'oisiveté et de paresse »* qui sont les caractéristiques essentielles des pauvres. Mais alors, il faut aller au bout de cette logique : puisque cette classe, non seulement inutile, est si nuisible au bien-être social, pourquoi ne l'éradique-t-on pas totalement ? Il n'existe que deux réponses logiques à une telle question : soit l'on ne *peut* pas, soit l'on ne *veut* pas.

On compte parmi les nombreuses intuitions géniales de Tocqueville, outre celles sur le despotisme démocratique ou sur la demande croissante d'égalité au fur et à mesure de sa progression, celle sur l'augmentation du nombre de pauvres. Il écrivait dans son mémoire : *« Le nombre de ceux-là s'accroîtra sans cesse. On pourrait ralentir ce mouvement (...) mais il n'est donné à personne de l'arrêter ».* Entre fatalité naturelle et volonté divine, l'existence des pauvres est vue par les libéraux comme un phénomène que l'on ne peut ni résorber, ni encore moins effacer. Mais si Tocqueville a su prévoir avec justesse la permanence du phénomène de pauvreté, il ne l'a nullement expliquée.

C'est le cas également d'un gros investisseur travaillant dans les pays émergents, interrogé par le réalisateur autrichien du documentaire *« Let's make money ».* Selon lui, les pauvres (indiens, en l'occurrence) seront toujours pauvres, quels que soient les investissements que l'on fait chez eux. Certes, on peut et on doit leur trouver un travail. C'est une très vieille rengaine libérale, qui se trouvait déjà dans l'essai sur les pauvres remis en 1697 par le philosophe anglais John Locke au ministère du Commerce et des Colonies. Alors que l'économie n'était pas encore une science enseignée à l'université, ce penseur cherchait déjà à les rendre *« utiles ».* Pour cela, disait-il, *« il faut leur trouver du travail, et veiller à ce qu'ils ne vivent pas comme des parasites grâce au travail des autres. C'est dans ce but qu'ont été conçues les lois instaurant le secours aux pauvres, mais par ignorance de leurs intentions ou par négligence dans leur exécution, elles ne servent qu'à entretenir les gens dans l'oisiveté. »* On voit que ce discours mille fois entendu ne date pas d'hier…

Il y aurait donc une solution simple : pour que les pauvres disparaissent, il faudrait qu'ils créent de la richesse et deviennent utiles… en devenant riches ! C'est ce que l'on pourrait nommer leur « disparition par enrichissement », à distinguer des projets de disparition physique plus ou moins cruels que constituent leur expulsion, leur abandon aux fléaux qui les frappent, voire leur extermination plus ou moins volontaire. On doit à Staline la formule célèbre :

« La mort d'un homme est une tragédie. La mort d'un million d'hommes est une statistique. »

Méfions-nous de ceux qui cherchent à réduire des effectifs, quand il s'agit de femmes et d'hommes que l'on compte. Cela vaut également pour la réduction du nombre de chômeurs, de personnes âgées, de migrants…

En revanche, le projet magnifique de « disparition des pauvres par enrichissement » bute sur un problème jamais vraiment résolu depuis les débuts du capitalisme : le système ne produit pas assez de travail bien rémunéré pour enrichir tous les pauvres ! Ce phénomène dont aucun défenseur du capitalisme n'a jamais vraiment pris la mesure (sauf en reprochant aux pauvres de ne pas savoir créer eux-mêmes les emplois qui pourraient les sortir de la pauvreté) débouche forcément sur un fatalisme libéral que l'on trouvait déjà chez Hobbes, lorsqu'il décrivait la société comme une communauté dans laquelle l'Homme est un loup pour l'Homme (principe dont la formulation latine sonne joliment : *Homo homini lupus*). C'est ce déni, ce renoncement face à l'inéluctable cruauté de la vie sociale qui permet à Galbraith d'ironiser sur l'énergie que mettent les riches à ignorer l'existence des pauvres. Ne pouvant ni les enrichir, ni les éliminer, il ne reste plus qu'à les effacer de la scène sociale en feignant de ne pas voir qu'ils existent.

Ce mépris par le déni est aussi une façon efficace de ne surtout pas répondre à l'autre question que pose la présence importante des pauvres dans notre société : veut-on ou non de leur présence dans notre société ? Il ne faudrait pas que l'affirmation selon laquelle *on ne peut pas* se débarrasser d'eux ne serve tout simplement qu'à cacher le fait qu'*on ne veut pas* enrichir les pauvres. Or, mis à part quelques esprits romantiques, révolutionnaires ou naïvement adolescents, personne n'affirme jamais avec force qu'*il faudrait par tous les moyens* sortir les pauvres de la pauvreté. Personne n'ose se prononcer car il semble évident que personne ne veut vraiment les en sortir. La raison est que les pauvres sont bien plus utiles comme pauvres qu'ils ne pourraient l'être en devenant riches.

Une première façon de dire à quel point ils servent vraiment à quelque chose…

L'existence des pauvres, et c'est l'objet de ce livre que de tenter d'en montrer les raisons, est *socialement désirée* par pratiquement tout le reste de la population, elle est voulue sans doute inconsciemment par une société qui ne veut pas se passer d'eux mais qui se fait croire le contraire. Et encore, les pauvres ne deviennent-ils une préoccupation sociale que lorsque quelques bouffées de compassion envahissent les non-pauvres qui, le reste du temps, occupés par l'entretien de leur propre bien-être, cultivent effectivement l'*« Art d'ignorer les pauvres »*, comme disait Galbraith.

Cette dernière affirmation me permettra pour finir de clarifier un point sur lequel les lecteurs les plus sensibles auront peut-être déjà mis le doigt. Pourquoi ai-je pris le parti de parler ainsi des *pauvres* et non pas de la *pauvreté* ?

La pauvreté est détestable, les pauvres ne le sont pas

Dans une démocratie où tous les individus ont le droit d'obtenir une reconnaissance pour ce qu'ils sont (à savoir un être singulier, comme je l'ai déjà dit, aussi unique et irremplaçable qu'un chef-d'œuvre artistique), réduire quelqu'un à sa condition économique, sociale ou biologique est une forme de mépris incontestable. Il n'existe donc pas de « pauvres » en réalité, pas plus que de handicapés ou d'homosexuels, il y a des personnes dans la pauvreté, des personnes avec un handicap et des personnes ayant des pratiques homosexuelles. Certains d'entre eux n'ont pas de telles caractéristiques depuis leur naissance, et d'autres pourront éventuellement en sortir à l'avenir.

Sauf que les raisonnements proposés dans les chapitres qui suivent s'appliquent précisément aux pauvres, et pas à la pauvreté. Car la pauvreté est effectivement et incontestablement inutile et mérite sans nuance d'être dénoncée, à défaut d'être éradiquée. Elle est choquante, avilissante, humiliante, dangereuse aussi parfois (pour ceux qui la subissent directement ou indirectement) ; elle pose aussi des problèmes sanitaires et des problèmes de conscience morale que les pauvres (et même précisément chaque pauvre pris individuellement) ne posent pratiquement pas.

Si je suis convaincu (et peut-être le serez-vous aussi au terme de ce livre) que les pauvres ont leur utilité, je pense que tout le monde s'accorde pour dire que la pauvreté n'en a aucune. Sa disparition est en fait une question qui ne mérite pas d'être posée, puisqu'on en connaît déjà la réponse…

Les analyses sur la pauvreté sont donc toujours décevantes, tant elles aboutissent à des raisonnements convenus, à des évidences morales que l'on retrouve à propos de tous les fléaux dont la réalité choque immédiatement la conscience morale, comme la guerre ou la maladie. Même Galbraith s'y est cassé le nez dans sa *« Théorie de la pauvreté de masse »* en résumant finalement la pauvreté à la simple accommodation des pauvres à leur situation. Il aboutit à un raisonnement circulaire selon lequel la seule façon d'agir sur la pauvreté est d'aider à en sortir ceux qui refusent de s'en accommoder. Refus qui vient du fait qu'ils la vivent comme une déchéance, ce qui implique (ce que Galbraith ne dit pas clairement) qu'ils ne sont pas pauvres depuis toujours. Mais la vraie pauvreté, celle qui s'hérite, celle qui se transmet, qui fabrique des cohortes de démunis, celle-ci est lourde et insaisissable.

On ne manque pourtant pas de sociologues compétents pour interroger le phénomène de la pauvreté. A commencer en France par Serge Paugam, à qui on doit une bonne dizaine d'ouvrages dont beaucoup font référence sur ce sujet. On lui doit notamment *« Les formes élémentaires de la pauvreté »*, cité en introduction, qui consiste en une typologie des formes de pauvreté particulièrement éclairante sur laquelle je reviendrai dans le chapitre six. Dans *La régulation des pauvres,* Serge Paugam dialogue avec Nicolas Duvoux, et ils commencent leur échange par un chapitre intitulé... *« A quoi servent les pauvres ? »*. Je m'en suis aperçu alors que j'en étais à un stade avancé de l'écriture de ce livre. Je jure que s'ils avaient fait complètement le tour de cette question, j'aurais très modestement rangé le brouillon de mon livre dans le tiroir où finissent mes projets avortés. Mais les deux sociologues ont eu la bonne idée de n'évoquer que rapidement deux des nombreuses fonctions sociales des pauvres dont je parlerai dans les prochains chapitres. Serge Paugam s'empresse d'ajouter au bout de cinq pages que ce qui l'intéresse véritablement en tant que sociologue est moins la pauvreté que *« la relation d'assistance – et donc d'interdépendance –entre eux et la société dont ils font partie ».*

Ce faisant, il suit la voie tracée par Georg Simmel, sociologue allemand dont l'ouvrage *« Les pauvres »* a été réédité en France en 1998 à l'initiative, précisément, de Serge Paugam. Simmel affirmait que le groupe des pauvres se définit par *« l'attitude collective que la société comme totalité adopte à son égard ».* En effet, être pauvre ne caractérise rien d'autre que la façon dont la société vous considère. Et l'être vraiment suppose d'être « un pauvre » et rien que cela. Pas un « pauvre artisan » ou un « pauvre employé », qui gardent encore un statut professionnel, mais un pauvre-tout-court. Pour Simmel, c'est le fait de tomber dans l'assistance qui stigmatise le pauvre comme tel. Et c'est cette relation d'assistance sur laquelle travaille Serge Paugam depuis 20 ans, puisque selon lui *"ce qui est sociologiquement pertinent, ce n'est pas la pauvreté en tant que telle, mais la relation d'interdépendance entre la population qui est désignée socialement comme pauvre et la société dont elle fait partie."*

Mon livre ne démentira pas une telle affirmation, mais il constitue une tentative pour mettre à jour les raisons profondes de cette stigmatisation et surtout d'en inverser le sens, puisque celle-ci se présente sous la forme d'un mépris social que contredit à mon avis totalement le fait que nos sociétés ne semblent faire aucun effort pour faire disparaître les pauvres de la scène sociale, malgré ce qu'en dit Galbraith dans *« L'art d'ignorer les pauvres ».*

C'est donc bien aux pauvres et non pas à la pauvreté qu'il faut s'intéresser si l'on veut pouvoir éclairer et dénouer ce paradoxe, afin de pouvoir ensuite interpeller les consciences.

Les pauvres ne sont pas tous des gens « en manque de... »

Bien sûr, si vous me faites l'honneur de vous pencher sur ce que j'écris, c'est peut-être parce que, comme beaucoup de monde, l'aspect économique de la pauvreté vous choque sincèrement. En termes de « chances d'accès aux biens », comme disait Max Weber, les pauvres sont en effet les moins bien lotis. Rassurez-vous : nous évoquerons ce problème, et nous commencerons même par le traiter en premier à travers les dimensions économiques de la pauvreté, c'est-à-dire en étudiant le rôle que jouent les pauvres comme producteurs et comme consommateurs de biens et services.

Mais l'utilité des pauvres se niche aussi dans de nombreux autres aspects de la vie sociale : la dimension sanitaire est connue depuis longtemps et c'est même par elle que des écrivains, des médecins, des politiques et plus tard des sociologues en sont venus à se préoccuper de la pauvreté, au XIX° siècle. La dimension politique est elle aussi essentielle, et dans ce domaine comme dans les autres, je montrerai que le vote des pauvres est toujours considéré comme un problème, alors que leur (non-)vote a sûrement une utilité, pour être à ce point généralisé et toléré.

De plus, la dimension écologique de la pauvreté est rarement traitée, car l'écologie est depuis toujours considérée (à juste titre) comme un problème de riches. Là aussi, il est temps de comprendre l'utilité des pauvres en termes d'économie des ressources et de préservation de l'environnement. Je voudrais enfin aller jusqu'à évoquer les valeurs et « l'économie psychique » des pauvres, c'est-à-dire le fonctionnement psychologique que génère (et qui est créé par) une vie de pauvre.

Mon objectif est de comprendre qui sont véritablement les pauvres. En les définissant à partir de leurs fonctions, je pourrais alors chercher dans notre société quelles sont les franges de la population qui ont vocation à rejoindre ce groupe de démunis. Si je les trouve, il est possible que cela m'oblige à renverser la représentation que nous avons de l'ordre social établi. Rien n'empêche les lecteurs pressés de se précipiter vers ce dernier chapitre salutaire...

J'espère ainsi contribuer à éclaircir ce mystère économique et social de l'existence de pauvres toujours si nombreux dans nos pays immensément riches, et que Tocqueville nommait les « indigents » pour les distinguer des pauvres vivants dans les pays pauvres, qui ne vivent pas toujours leur dénuement comme un problème.

Son mémoire s'ouvrait sur le constat suivant : *« Les pays qui paraissent les plus misérables sont ceux qui, en réalité, comptent le moins d'indigents, et chez les peuples dont vous admirez l'opulence, une partie de la population est obligée pour vivre d'avoir recours aux dons de l'autre ».* Une façon de revenir sur le caractère parasitaire des pauvres de nos contrées, déjà soulevé par John Locke dans son essai sur la question. Cette notion de « parasites sociaux » est presque aussi ancienne que la pauvreté mais elle reste très actuelle. Selon un rapport gouvernemental de 2012, alors que la proportion de gens qui sont compatissants envers les pauvres avait tendance depuis 20 ans à suivre l'évolution du taux de pauvreté (plus il y avait de pauvres, plus les gens exprimaient leur compassion en soutenant que les démunis n'avaient pas eu de chance), les débats de ces dernières années sur la croissance des déficits publics ont fait évoluer ces deux indicateurs en sens inverse et l'on voit désormais baisser la part de ceux qui *« estiment que les pouvoirs publics ne font pas assez pour les plus démunis »* alors qu'augmente la pauvreté. Pour reprendre une distinction exposée par Serge Paugam dans *La régulation des pauvres*, l'explication de la pauvreté par la paresse surpasse de plus en plus dans l'opinion publique l'explication par l'injustice.

Je voudrais montrer que ces « parasites sociaux » nous rendent pourtant de bien grands services, à l'instar de nombreux parasites présents dans les écosystèmes naturels. On sait, par exemple, que les champignons qui parasitent les arbres servent d'abri aux insectes qui pollinisent les fleurs de ces mêmes arbres… La frontière entre l'aspect utile et le caractère nuisible des parasites est juste un problème quantitatif, une affaire de proportion dans la population qui les héberge. C'est ce que l'on nommait, dans les premiers grands ensembles des banlieues, le « seuil de tolérance », une expression qui de nos jours heurte nos valeurs républicaines mais qui était pourtant chargée de beaucoup de sens. Comme je serais tenu pour seul responsable d'une mauvaise interprétation de mes propos, je précise que je n'ai pas écrit que cette notion de « seuil de tolérance » doive être remise dans le débat public, ni même qu'elle puisse y trouver une quelconque utilité. C'est le fait qu'elle ait pu exister qui nous en dit long sur la vision que la société peut avoir de ses pauvres : des parasites qui auraient, à dose supportable, une vraie utilité sociale.

Mais en attendant la conclusion de ce livre, dans laquelle nous tenterons de tirer les conséquences politiques du problème du paupérisme considéré alors comme un fait social extrêmement utile, je vous propose que nous vérifiions ensemble la solidité des preuves avancées pour étayer cette affirmation. En précisant une dernière chose : c'est l'enfant un peu impertinent que je fus qui exige une réponse à cette question désagréable, mais je ne voudrais pas que vous pensiez qu'en mettant une telle question sur la table, dans toute sa crudité sociale, je me complais à l'exhiber, par goût de la provocation ou par simple indécence, ni même que je valide et approuve le fait que les pauvres soient si nombreux. L'enfant qui demande si Grand-Mère va mourir ne le souhaite nullement. Il pose cette question dérangeante précisément parce qu'elle l'attriste, et parce qu'il veut qu'on le console.

Je crains pour ma part d'avoir compris un peu tardivement pourquoi notre société a besoin de ses pauvres, moi qui pensais naïvement que tout le monde s'accordait au moins sur le fait de les faire disparaître, les uns physiquement, par charters ou par effacement de la scène sociale, les autres par la compassion ou par l'encouragement à se sortir de leur condition. Je pensais juste qu'il me faudrait choisir le « bon camp ». Mais je crois désormais que personne ne veut véritablement voir les pauvres s'effacer totalement de notre quotidien.

Je vous préviens : si vous me suivez dans mes analyses, vous prenez le risque à votre tour, et quel que soit votre âge, d'y perdre une partie de votre innocence. Il y a des questions, en effet, qu'il ne faut pas poser si l'on veut vivre la conscience tranquille. Mais j'ai hérité de mes lectures de Galbraith l'idée qu'une société, comme une famille, ne peut tenir sur des mensonges. La première utilité des pauvres est certainement de nous rappeler cette vérité-là.

Merci les pauvres, mais merci aussi...

John K. Galbraith, pour *L'art d'ignorer les pauvres* (Les liens qui libèrent, 2011)

John Locke, pour *Que faire des pauvres ?* (PUF, 2013)

Georg Simmel, pour *Les pauvres* (5ème éd., PUF, 2018)

Alexis de Tocqueville, pour *Mémoire sur le paupérisme* (version numérique disponible sur : http://classiques.uqac.ca/)

Erwin Wagenhofer, pour *Let's make money* (Studio MK2)

Jean Ziegler, pour *Les nouveaux maîtres du monde. Et ceux qui leur résistent* (Points, 2015)

Chapitre Deux

Les pauvres sont de bons travailleurs

« Le travail du pauvre est la mine du riche[7] »

Aucune réflexion ne peut prétendre à la subtilité et à l'originalité si elle ne commence pas par s'attaquer aux lieux communs.

Non pas forcément pour les détruire, comme le croient de nombreux penseurs du dimanche, pressés de faire preuve d'esprit critique et croyant y parvenir en faisant juste preuve d'esprit de contradiction. Les inévitables « préjugés » qui accompagnent un problème social, loin d'être niés, doivent avant tout être redigérés et reformulés afin de nous faire comprendre les raisons même de leur existence.

Car il est rare que les lieux communs reposent sur du sable. On ne survit pas longtemps, dans le monde des idées, si l'on fabule totalement. La place de l'absurde est beaucoup moins grande dans la réflexion scientifique et intellectuelle que dans la littérature, le théâtre ou le cinéma, qui fournissent d'autres formes de compréhension du monde tout aussi respectables que les sciences humaines mais que je n'évoquerai pas dans ce livre. *« En attendant Godot »* ou *« Fin de partie »*, de Samuel Beckett, pour ne citer que ces deux chefs-d'œuvre, nous parlent des pauvres d'une façon qui n'est pas celle des sociologues. Certes, tous les talents sont nécessaires pour faire comprendre le monde social, mais je laisse les écrivains travailler sur nos imaginaires et je me cantonne au monde des idées.

Les idées qui marchent, celles qui durent, donc, sont celles qui nourrissent ceux qui s'emparent. Et la diffusion massive ou le succès public de telle ou telle vision du monde ne l'affadit pas autant qu'on le pense parfois. On a tort d'appliquer ce principe de la grande consommation *(« La mode, c'est ce qui se démode »*, selon le mot connu de Gaston Bachelard) à l'univers intellectuel. Car quand ce qui est pensé se généralise au point de devenir une opinion commune, cela ne déplaît alors qu'aux

---

[7] John Bellers, Quaker philanthrope, 1696.

snobs qui ne veulent rien faire comme tout le monde et qui cherchent à tout prix à penser « autrement ». C'est souvent le cas des penseurs « pédants », terme un peu péjoratif qui désigne, selon Pierre Bourdieu, celui qui pense depuis peu de temps mais exhibe sans cesse ce qu'il sait, surtout lorsqu'il parvient à dénicher une idée « rare », donc précieuse. Celui-là, et seulement lui, passe l'essentiel de son temps à traquer et mépriser les lieux communs. Pourtant, quiconque a lu les grands auteurs sait quelle place de choix ils réservent aux opinions dominantes.

En plaisant au plus grand nombre, une idée peut certes perdre de sa force critique et subversive, qui est le propre des idées neuves. Elle n'en reste pas moins la plupart du temps une grande idée. On le voit bien dans le domaine politique où la démocratie, qui fut (et reste dans certains pays) un instrument de contestation essentiel face au pouvoir arbitraire, en vient dans notre pays à lasser les électeurs blasés après des dizaines et des dizaines d'élections frustrantes et de plus en plus conservatrices. Si cette idée lasse, elle n'en reste pas moins une grande idée (en attendant une meilleure, pour évoquer le mot de Churchill sur la démocratie comme « pire système politique à l'exclusion de tous les autres »).

Mais revenons-en à nos pauvres moutons. La vision selon laquelle le pauvre est – ou doit être avant tout – un travailleur, deux bras actifs parmi les millions de paires de bras du système productif, est une idée certes tout à fait convenue mais elle est fondamentale et c'est évidemment par elle qu'il me faut commencer pour étudier la possible utilité des pauvres dans notre société.

Bons pauvres, mauvais pauvres

Cette vision des pauvres est partagée par les représentants de toutes les idéologies, divisés cependant entre deux pôles extrêmes : d'un côté les marxistes, qui assument et revendiquent cette position sociale dans toute son utilité pour la marche de l'Histoire et de l'autre les libéraux qui n'envisagent le travail et les pauvres que pour rappeler à ces derniers leur obligation d'assumer cette activité à laquelle ils semblent si peu enclins. Pour satisfaire les lecteurs critiques, désireux de savoir ce qu'il peut rester de marxiste dans un essai publié au XXI° siècle, je vais commencer par évoquer l'analyse du penseur allemand sur le prolétariat.

Minute, attendez ! s'exclament déjà les penseurs ultramodernes et leurs fantassins. Plus personne ne parle de « prolétariat » depuis bientôt un demi-siècle, non ? Ne serait-il pas temps de changer de « logiciel », pour parler comme le font les esclaves des machines ? Personnellement, je trouverais cela regrettable car ce terme définit exactement étymologiquement ceux qui n'ont rien : le prolétaire était ce citoyen romain pauvre qui n'avait d'utilité que par sa descendance. Cette notion a beau être marxiste, reconnaissez qu'elle va aux pauvres comme un gant de travail va à un ouvrier d'usine… Cependant le prolétaire moderne ne possède pas tout à fait rien : il n'a rien d'autre que la force de travail qu'il loue aux propriétaires des moyens de production.

Mais gardons-nous de prendre les évidences dans leur seule simplicité apparente, car le marxisme a un rapport ambigu aux pauvres. En effet, à la différence du catholicisme qui considérait comme une faute morale de hiérarchiser les pauvres entre eux, il se trouve que le marxisme opère une distinction très nette entre deux sortes de pauvres : les pauvres travailleurs et les pauvres non-travailleurs, ou en semi-allemand dans le texte, le prolétariat et le lumpenprolétariat.

Totalement imprégné des écrits des premiers économistes classiques, dont Adam Smith et David Ricardo, pour qui toute valeur ne peut venir que du travail, Marx a fait reposer toute son analyse du capitalisme sur l'idée que la seule classe utile est le prolétariat et que toutes les autres classes oisives (bourgeoisie et lumpenprolétariat) sont constituées de parasites sociaux, renversant ainsi, en ce qui concerne la bourgeoisie, l'idée dominante selon laquelle les riches forment la classe maîtresse dans le capitalisme, dont les pauvres ne seraient que les parasites. Pour Marx et Engels, c'est connu, les vrais parasites, ce sont les capitalistes.

Mais c'est la fraction opérée parmi les pauvres qui m'intéresse ici. Dans le « *Manifeste du Parti Communiste* », Marx et Engels définissent le lumpenprolétariat comme *« cette pourriture passive des couches inférieures de la vieille société ».* Quand ils évoquent le prolétariat, il s'agit toujours pour eux des ouvriers. Dans une note, Engels définit le prolétariat dès le début du manifeste comme *« la classe des ouvriers salariés modernes qui ne possèdent pas de moyens de production ».* Quelques pages plus loin, les auteurs répéteront que les « prolétaires » sont « les ouvriers modernes ».

Il faut expliquer, pour ceux qui ne sont pas familiers de l'analyse marxiste, que conformément aux principes de la théorie de la valeur travail posée par Smith et Ricardo, c'est par leur travail que les ouvriers créent la richesse économique. Et parce qu'ils créent chaque jour une valeur supérieure à celle que les capitalistes leur retournent sous forme de salaire, il se crée une plus-value, source de l'enrichissement des capitalistes. La devise qui convient le mieux à ces derniers pourrait être selon Marx : *« Accumulez, accumulez, c'est la Loi et les Prophètes ».*

Marx est celui qui a le mieux montré combien la classe ouvrière est elle-même « produite » par le système capitaliste. La bourgeoisie a besoin de cette force de travail pour fournir tout le travail qui financera, outre les moyens de salarier cette main-d'œuvre, la plus-value avec laquelle la bourgeoisie accumule le capital. La classe dominante, montre Marx, va même jusqu'à favoriser l'émergence d'une population excédentaire de pauvres, de manière à générer un excès de main-d'œuvre qui permet de peser à la baisse sur le taux de salaire, augmentant ainsi ce que Marx nommait la plus-value relative. La plus-value absolue est celle qui découle du fait de faire travailler plus ou moins longtemps les ouvriers, mais elle ne dit rien sur le taux de plus-value que l'on peut tirer de chaque ouvrier, et à heures de travail quotidiennes données, seule la hausse de la plus-value relative permet d'enrichir les capitalistes. Concrètement, si un ouvrier me coûte 1000 €, tout ce qu'il me rapporte au-delà de cette somme est la plus-value absolue, et le faire travailler plus augmentera cette plus-value absolue. En revanche, le payer moins de 1000 € me permettrait d'augmenter la plus-value relative : d'où l'importance de la baisse du niveau des salaires sur laquelle nous reviendrons.

La très grande idée de Marx est d'avoir montré combien les bourgeois ont besoin des prolétaires et les ont produits comme un organisme vivant produit sa propre sève. Une sève dangereuse, car destinée à se retourner contre l'organisme qui l'héberge en son sein. D'où la citation suivante tirée du *Manifeste* : *« La bourgeoisie n'a pas seulement forgé les armes qui la mettront à mort : elle a produit aussi les hommes qui manieront ces armes –les ouvriers modernes, les prolétaires ».*

Dans le *Capital*, Marx disait même de la population des chômeurs, qui constituait selon lui une *armée industrielle de réserve*, qu'*« elle appartient de façon si entière et absolue au capital qu'on pourrait croire qu'il l'a élevée au biberon, à ses propres frais ».*

On le comprend, l'utilité des *travailleurs* pauvres repose essentiellement sur la présence de *non-travailleurs* pauvres au point qu'on se demande même lequel de ces deux groupes est le plus utile au système capitaliste.

Les marxistes ayant compris cela, certains d'entre eux (et Engels au premier chef) ont développé une haine franche envers le lumpenprolétariat, ces pauvres parmi les pauvres qui sont forcément les ennemis de la classe ouvrière dans la mesure où ils sont les complices de la classe capitaliste dans son opération de réduction des salaires au niveau du minimum de subsistance, une baisse rendue possible par l'existence même des indigents non productifs.

Un bon travailleur est un travailleur pauvre

Balzac avait lui aussi compris l'utilité de maintenir une grande partie des pauvres dans une situation plus précaire encore que celle des ouvriers. On trouve cette analyse dans une nouvelle écrite avec la complicité de George Sand (mais que Balzac publia sous son nom). Balzac, qui écrivait sans relâche avait pourtant accepté, en plus de l'écriture de sa comédie humaine, de rédiger pour le jeune éditeur Pierre-Jules Hetzel (dont ce sera le premier succès d'édition, plusieurs années avant de devenir l'éditeur de Jules Verne) des histoires animalières dont la plus connue reste aujourd'hui les *« Peines de cœur d'une chatte anglaise »*. Conformément au principe des fables, popularisé par La Fontaine, il s'agit pour l'auteur de faire passer sa vision de la société à travers la description de la vie de quelques animaux pensants et parlants. A côté des *« Peines de cœur... »* on peut lire un *« Voyage d'un moineau de Paris »* dans lequel Balzac imagine un petit oiseau des villes, ami d'un grand écrivain, dépêché par ses congénères pour aller à la recherche du meilleur gouvernement possible, par l'observation de diverses sociétés animales.

Balzac et Sand décrivent une monarchie d'abeilles et une République socialiste de loups (même si George Sand fut citée par Karl Marx[8], on voit que Balzac n'était pas communiste avant l'heure, pour les mêmes raisons que Jaurès ne le sera pas plus tard, en raison de la violence sociale qui fonde cette doctrine). Le moineau parisien découvre également une oligarchie de fourmis, constituée de plusieurs reines à la tête de nombreuses fourmilières en rivalité constante. L'évocation de cette société lui donne l'occasion de parler de ce qui ne s'appelait pas encore la « question ouvrière » ou la « question sociale ». L'un des grands principes constitutionnels qui organisent cette communauté s'énonce ainsi : *« On ne peut pas s'amuser et travailler tout ensemble »*, ce qui justifie l'existence de seulement cinq cents fourmis dites « patriciennes » (celles qui jouissent de la vie) à côté de milliers de fourmis « neutres » en perpétuelle activité. Cette société oligarchique, dirigée par quelques patriciennes népotistes, c'est-à-dire qui placent leurs filles aux commandes des nouvelles terres sans cesse conquises, intéresse le moineau issu lui-même d'un peuple divisé en deux sortes d'individus : ceux *« qui avaient toutes les douceurs de la vie, et les moineaux qui manquaient de tout »,* ou pour le dire plus clairement, les *« privilégiés »* et les *« souffrants ».* Notre moineau pensant retrouve donc chez les fourmis le genre d'argument qui sévit à Paris parmi les siens. Ainsi les moineaux privilégiés ne cessent de répéter aux moineaux insurgés : *« Vous vivez encore infiniment mieux que si vous étiez à l'état sauvage ».* Un argument qui justifie encore aujourd'hui tous les investissements réalisés dans les pays pauvres, même en dépit du bon sens ou avec des impacts environnementaux ou sociaux désastreux.

Les fourmis ont poussé ce principe plus loin encore, puisque leur premier principe constitutionnel est *« Ote-toi de là que je m'y mette ».* Cette belle maxime, dont Balzac précise qu'elle

[8] En conclusion de *Misère de la Philosophie*, publié en 1847.

n'est rien d'autre que celle des voleurs, justifie que toute fourmilière qui refuse le libre-échange avec la société voisine se voit illico envahie par la fourmilière d'à côté. Cette loi injuste et violente ne tient auprès des milliers de fourmis neutres que pour une seule raison clairement exposée par une fourmi patricienne : il faut faire croire aux travailleurs qu'ils pourraient être plus malheureux ! *« Chaque ouvrière de l'Empire Formique, dit-elle, a la certitude de sa supériorité sur les autres fourmis du monde »*. A quoi elle ajoute plus subtilement : *« Je vous avoue que nous n'avons pas de grain pour tout le monde ; mais ici tout le monde est convaincu que nous sommes occupés à en chercher »*. Et si cela passe par la destruction de la société voisine, peu importe. En flattant ainsi le patriotisme de ses ouvrières, on peut leur faire croire qu'elles sont au centre des préoccupations de leurs dirigeants, en l'occurrence des dirigeantes. Alors que le véritable enjeu, Balzac nous le fait bien comprendre, est de maintenir les ouvrières au travail, au service des privilégiées qui les gouvernent.

On peut toujours discuter sur la capacité d'une fable animalière à heurter véritablement les consciences (les fables les plus politiques de La Fontaine ne sont pas restées les plus célèbres), on se dit que Balzac avait mieux compris que quiconque à quoi servaient les pauvres démunis improductifs de son époque, et qu'il anticipait presque les trois guerres meurtrières qui abîmeront la France pendant près d'un siècle.

Mais Marx a mieux montré que Balzac comment le capitalisme organise la guerre des pauvres entre eux. En effet, il y a toujours quelque part dans le monde des travailleurs prêts à se salarier pour moins cher que les autres. Dans le *Capital*, évoquant la *« concurrence cosmopolite dans laquelle le développement de la production capitaliste a jeté tous les travailleurs du globe »*, Marx faisait écho à notre troisième phase de mondialisation en analysant dans les termes suivant l'organisation économique mondiale de son époque : *« Il ne s'agit plus seulement de réduire les salaires anglais au niveau de ceux de l'Europe continentale, mais de faire descendre, dans un avenir plus ou moins prochain, le niveau européen au niveau chinois »*.

Tous les pauvres sont de bons travailleurs, on le voit, quel que soit leur niveau de salaire, et même s'ils ne travaillent pas beaucoup, ou s'ils ne sont que de la main-d'œuvre potentielle. Et s'ils sont tous de *bons* travailleurs, c'est soit parce qu'ils produisent de la plus-value, soit parce qu'ils travaillent pour pas cher, soit parce qu'ils permettent par la réserve de main d'œuvre qu'ils constituent que l'on baisse les salaires de l'élite ouvrière productrice de plus-value.

Le travail des vauriens ne vaut pas grand-chose

Mais il ne faudrait pas que les théories libérales, confirmées de ce point de vue par l'analyse marxiste, nous laissent penser que l'utilité des pauvres est seulement de fournir directement ou indirectement de la main-d'œuvre à bon marché. Car si les pauvres sont d'aussi bons travailleurs, c'est aussi pour une raison trop peu évoquée, me semble-t-il, y compris par Marx : les pauvres travailleurs ont tous accepté l'idée que leur travail ne vaut rien, alors que leur productivité n'est pas aussi faible que l'affirme généralement le premier économiste venu.

Sans aller trop loin dans mes explications, il me faut tout de même expliquer à ceux qui l'ignorent comment la théorie économique standard mesure la productivité d'un travailleur. Il suffit pour cela de diviser la valeur de la production réalisée par le nombre d'employés consacrés à cette production : on obtient ainsi une évaluation de la productivité moyenne de chacun. Si les cadres managériaux ou le PDG lui-même sont inclus dans le total des salariés de l'entreprise, leur productivité moyenne est donc exactement la même que celle du moindre ouvrier spécialisé. Et c'est ce qu'elle est en réalité, dans la mesure où l'on ne peut pas évaluer la part de la production qui n'existerait pas sans le travail des dirigeants.

Raisonnons simplement : si un dirigeant s'absente de son entreprise pour une raison quelconque, il est fort possible dans un premier temps que cela ne change rien à la production réalisée. Auquel cas on doit en déduire que sa productivité (qui n'est qu'apparente, comme le rappellent les économistes, car elle n'est pas *que* la sienne...) est nulle. En revanche, si son absence se prolonge, lorsque viendra le moment où l'une de ses expertises, ou l'une de ses décisions, deviendra nécessaire, il est possible que la production chute notablement, voire même qu'elle s'arrête. Auquel cas, on devra en déduire que sa productivité est maximale, ce qui signifie en fait qu'il est responsable de *toute* la production de l'entreprise, et responsable au sens où toute la production serait le fruit de sa seule activité, ce qui est évidemment une absurdité.

Ce qui est intéressant, c'est que le même raisonnement peut être mené à propos des ouvriers les moins qualifiés. Si l'équipe de nettoyage ne travaille plus, la production peut se prolonger un certain temps, et leur productivité est effectivement nulle. Mais peu à peu, l'absence de ménage et le délabrement des locaux pénalisera la production jusqu'à éventuellement la rendre impossible. La productivité des travailleurs les moins qualifiés sera alors devenue maximale, au même titre que pourrait l'être celle du PDG. Se demander si la rapidité avec laquelle la production chutera est plus importante dans le cas du PDG ou des ouvriers d'entretien n'a pas grand intérêt, d'autant plus qu'à ce petit jeu, ce sont les ouvriers sur la chaîne de production qui gagnent à tous les coups, comme l'ont compris depuis bien longtemps les dirigeants des syndicats ouvriers.

La question de savoir *comment évaluer la productivité des différentes heures de travail* est le problème logique majeur sur lequel a buté toute l'analyse marxiste et c'est même ce qui a empêché Marx d'aller au bout de son analyse scientifique du processus de production capitaliste. Il aurait pourtant fallu la résoudre pour confirmer ou infirmer un principe essentiel de l'économie libérale : l'idée que le travail le moins productif est aussi le moins payé. Là aussi, un petit point théorique est nécessaire.

Selon les économistes, sur le marché du travail comme sur tous les marchés, se rencontrent une offre et une demande. L'offre de travail est faite par les salariés (en échange d'un salaire) et la demande de travail est émise par les entreprises prêtes à payer pour obtenir ces marchandises particulières que constituent les quantités de travail (attention au contresens fréquent qui attribue la demande d'*emploi* –et non pas de *travail*- aux travailleurs, alors qu'ils sont économiquement parlant des *offreurs de travail*). Pour qu'un prix s'établisse sur ce marché, il faut que l'offre et la demande évoluent en fonction du prix, mais en sens inverse, afin que les deux courbes se coupent en un point qui constitue le salaire d'équilibre.

Or, l'offre de travail est considérée comme croissante en fonction du prix, ce qui en termes clairs signifie que plus on paye cher un salarié, plus il est prêt à travailler, ou plus nombreux sont les salariés prêts à sacrifier une partie de leur temps de loisir pour le transformer en temps de travail. Il faut alors que la demande de travail des entreprises, pour pouvoir rencontrer l'offre des salariés, soit décroissante. Et c'est là que les principes théoriques néoclassiques ressemblent plus à des professions de foi qu'à des postulats indiscutables. Car les économistes supposent que l'entreprise paye ses salariés proportionnellement à ce qu'ils rapportent. Et comme on suppose que l'entreprise embauche d'abord les salariés les plus essentiels à la production, donc les plus productifs, on en déduit que les derniers embauchés sont les moins productifs et que cette moindre productivité justifie un salaire moindre. Ceci conformément à une hypothèse très discutable du modèle théorique des économistes néo-classiques (les successeurs de Smith et Ricardo), nommée la loi des « rendements décroissants ».

Je n'ai pas du tout le temps ni la prétention de discuter de cette loi mais je voulais juste vous faire comprendre quelle importance elle revêt aux yeux des économistes : sans elle, on ne peut tout simplement plus prouver qu'il existe un prix d'équilibre sur le marché du travail ! Toutes les analyses du chômage qui en découlent, et qui guident de nos jours les grandes réformes économiques et sociales, deviendraient alors caduques ! Ce qui m'intéresse ici précisément est de comprendre comment les libéraux (et Marx aussi, en partie) ont réussi à surmonter cet obstacle théorique majeur. Ils ont décidé que ce serait le *niveau de qualification* qui déciderait du *niveau de productivité* d'un travailleur. Un peu comme si la force d'un athlète était mesurée au poids de ses muscles, alors qu'avec la même masse musculaire on peut aboutir à des performances tout à fait différentes. Or, le niveau de qualification est tout au plus un indice possible de la performance d'un travailleur, mais il n'est pas grand-chose de plus, si l'on pense à l'exemple de tout à l'heure sur l'impossible mesure de la productivité individuelle.

En fait, personne ne peut prouver que le travail harassant, acharné, abrutissant ou répétitif d'un travailleur pauvre n'est pas *aussi productif* que celui d'un chef de service ou d'un PDG, ni même qu'il l'est *aussi peu* ! En réalité, il n'existe tout simplement pas de productivité individuelle. La seule productivité que l'on peut mesurer est la productivité moyenne, celle qui est due à la conjonction des efforts de tous les participants à la production, du balayeur au PDG. Si on divise tout ce que l'entreprise produit par le nombre d'actifs qu'elle réunit, on obtient une productivité qui *ne peut pas* être attribuée à qui que ce soit en particulier. Pour la majorité des emplois, il n'existe pas, contrairement à ce que dit la théorie économique libérale, de productivité marginale du travail, celle que l'on pourrait attribuer à une seule personne supplémentaire.

L'idée selon laquelle les différences de salaires s'expliqueraient par les différences de productivité individuelle ne serait recevable que si l'on parvenait à la démontrer. Or, Thomas Piketty, qui s'est penché longuement sur les analyses économiques des inégalités, n'a trouvé aucune preuve d'un tel lien. En particulier en raison de « l'extrême pauvreté des caractéristiques individuelles (...) reportées dans les enquêtes sur les salaires », ou pour le dire plus simplement, parce qu'on ne connaît pas les caractéristiques précises de chaque travailleur. En vérité, à l'exclusion de quelques travailleurs de l'industrie dont on peut « mesurer » ou « chronométrer » l'efficacité productive, on ne peut pas dire ni à quel point, ni pourquoi, un travailleur est plus productif qu'un autre. Dans les services, en particulier, la productivité d'une hôtesse d'accueil, d'une aide-soignante ou d'un professeur est impossible à évaluer. Il est donc scientifiquement faux et intellectuellement malhonnête d'affirmer que les différences de salaires sont dues à des écarts de productivité. Mais comme les économistes sont incapables, par les hypothèses qu'ils posent, d'étudier quels déterminants sociologiques ou quels rapports de pouvoir aboutissent à des écarts de salaires, et parce qu'ils ont besoin de productivité marginale pour « boucler » leurs modèles, ils échafaudent des théories (comme celle du capital humain) que

Thomas Piketty considère comme tautologiques : les différences de salaires sont dues à des écarts de productivité *car* on observe des écarts de salaires entre des travailleurs *dont on suppose* qu'ils ont une productivité différente (*ce qui explique* qu'ils ont des salaires différents, *car*… et ainsi de suite) !

L'autre argument massue mobilisé malgré tout pour nous persuader que les salariés les moins qualifiés sont les moins productifs est celui de l'abondance de la main-d'œuvre peu qualifiée. La loi de l'offre et de la demande est l'une des rares lois à être vérifiée la plupart du temps en économie, sauf dans les marchés à bulle, comme les marchés financiers et immobiliers. Pour les autres, en général, ce qui est relativement abondant n'est pas cher et la valeur provient de la rareté. Je parle bien sûr de rareté relative, c'est-à-dire comparée à la demande. Un diamant précieux dont personne ne veut n'a aucune valeur en économie. Les travailleurs pauvres étant légion, et les experts comptables étant rares en comparaison, leur différence de rémunérations aurait une explication économique ! Mais cet argument ne tient plus depuis bien longtemps : notre pays a formé depuis des décennies des millions de cadres supérieurs souvent embauchés en deçà de leurs capacités réelles (nos administrations en sont remplies, et quelques entreprises privées aussi, qui les voient pantoufler en attendant la retraite). Ce n'est pas parce qu'*ils ne sont pas* hypercompétents, ni hyperproductifs que ces cadres surdiplômés ne sont pas tous PDG d'un groupe du CAC 40. C'est parce qu'il n'y a jamais que 40 places dans ce club fermé et que la logique d'embauche et de sélection ne peut pas reposer que sur la rareté des compétences de chacun des patrons concernés.

Depuis que notre société a formé des cadres en abondance, nous savons que la compétence comme critère d'embauche est un mensonge vérifié chaque jour par des millions de chômeurs. Et par un fait qui n'est pas dû au hasard, ce sont surtout les classes moyennes surdiplômées *issues des classes populaires*, les anciens pauvres en fait, qui se le font rappeler chaque jour à leurs dépens. Les candidats élus dans les sphères économiques et politiques ne sont pas choisis en raison de leurs compétences (ce qui ne signifie pas forcément qu'ils soient incompétents, suivez-moi bien…) mais ils sont choisis à la place de millions de candidats potentiellement tout aussi valables (car également productifs) parce qu'on a voulu que ce soit eux qui occupent ces places très disputées. Si un raisonnement faussement darwinien vous pousse à croire qu'ils ont obtenu leur place par un excès d'ambition individuelle, excès qui constituerait un indicateur fiable de leur supériorité sur les autres, et pourquoi pas de leur potentielle productivité, cela ne change rien à mon raisonnement : plein d'autres candidats auraient pu faire l'affaire. Il est même possible que les principes et les valeurs des candidats les moins ambitieux soient de précieuses richesses dont la société a eu tort de se priver…

Les économistes sont incapables de prendre la mesure de leur échec à définir la valeur exacte du travail de chacun, car cela ferait s'écrouler tout l'édifice théorique sur lequel reposent leurs analyses depuis Adam Smith. Même un spécialiste de l'imperfection des marchés, comme Joseph Stiglitz, se contente (mais c'est déjà énorme pour un professeur américain de renommée mondiale et spécialiste de l'étude des marchés) de critiquer le système de rémunération lorsqu'il viole les principes élémentaires de la justice sociale. Stiglitz est en effet de ceux qui ont le plus critiqué le secteur financier pour avoir *« utilisé sa puissance politique afin d'obtenir que les échecs du marché ne soient pas corrigés et que les rémunérations privées qu'il versait à ses membres restent très supérieures à leur contribution sociale »*. Mais il s'agit là seulement d'un problème de justice sociale, comme il le dit lui-même : *« dans le secteur financier et dans bien d'autres secteurs, la boussole éthique de très nombreux professionnels s'est déréglée »*. Il fait pourtant comme s'il était en mesure d'évaluer monétairement la contribution sociale des acteurs économiques, ce qui lui permettrait alors de déterminer leur rémunération privée. En vérité, ni lui ni personne ne le peut.

Le pauvre est celui qui est « considéré comme » improductif

Voilà donc ce qui fait des ouvriers de très bons travailleurs ; ils forment une main-d'œuvre qui a intégré la logique du système, qui en accepte ses mensonges les plus éhontés. Ils sont de bons travailleurs comme il y a de bons chiens : soumis et obéissants. Ne cherchez pas de mépris social dans une telle affirmation : elle ne donne pas mon avis. Mais je vous avais prévenu que certaines réponses sont si dérangeantes qu'on regrette souvent de les avoir réclamées. Nous sommes pourtant trop engagés dans la réflexion pour nous arrêter dans notre compréhension des choses telles qu'elles sont. Comme la reine des abeilles dans la nouvelle de Balzac, je n'envisage pas un instant que notre société n'obéisse pas à un ordre particulier. *« Partout où chacun discute l'ordre »*, dit-elle, *« il fait l'ordre à son image, et comme il y a autant d'ordres que d'opinions, il s'ensuit un constant désordre »*. Belle analyse de la démocratie et de ses limites, vous en conviendrez ! Il faut qu'il y ait un ordre, la Reine a raison ! Mais celui que notre société a choisi n'est pas d'essence divine ou monarchique : il est conforme à la logique capitaliste. Or, c'est celle-ci qui pose que les pauvres sont peu productifs. Qu'importe qu'on ait réussi ou pas à le démontrer, ou à le réfuter, du moment que tout le monde en est convaincu. En démocratie, la loi du plus grand nombre est dure, mais c'est la loi !...

Howard Becker est connu pour avoir contribué, avec son livre *Outsiders*, à l'avancée de la sociologie de la déviance. Constatant que le fait d'être déviant est moins une particularité individuelle que le produit d'une relation sociale, il utilisa cette expression que l'on mobilise souvent dans l'étude de ce phénomène : *« un déviant est celui auquel cette étiquette a été appliquée avec succès »*. Nous avons vu que Serge Paugam, à la suite de Simmel, définit les pauvres de cette même façon. Cela permet de comprendre le rôle de l'assistance sociale, qui joue une très grande part dans ce système d'étiquetage. Mais pour ma part, je pense qu'il faudrait considérer que les pauvres, au sens le plus large, sont ces individus auxquels l'étiquette d'*improductif* a été appliquée avec succès. Cette formulation dispense de se poser la question de savoir s'ils sont ou s'ils ne sont pas productifs. J'ai déjà dit que cette question n'avait de sens qu'en termes de moyenne par individu dans une société, et qu'il n'existe pas de productivité individuelle marginale. En revanche, vous constaterez avec moi que presque tous ceux auxquels est attachée l'étiquette de travailleurs improductifs se retrouvent effectivement « considérés comme pauvres ». Et comme en la matière, l'énoncé est performatif, c'est-à-dire qu'il suffit de le dire pour qu'il se réalise, toute personne dont on dit qu'elle est improductive devient *ipso facto* un pauvre. Comme ces élèves qui deviennent mauvais dans une matière parce qu'on leur martèle cela depuis trop longtemps, comme ces enfants qui sont incapables d'être autonomes parce qu'on leur dit depuis toujours qu'ils ne savent rien faire, les pauvres deviennent pauvres parce qu'on leur fait croire qu'ils en ont les caractéristiques objectives, et que ces caractéristiques sont celles d'une supposée incapacité à créer de la richesse économique. Joli tour de passe-passe, qui fournit à la société son quota de serviteurs dociles qui justifient en plus, quand ils se perçoivent comme inférieurs, qu'on les traite comme tels.

Il faut bien que certains fassent le sale boulot

Un révérend anglican, cité par Marx dans *Le capital*, résumait cet ordre avec un cynisme étonnant : *« C'est une loi de la nature, paraît-il, que les pauvres soient imprévoyants jusqu'à un certain degré, afin qu'il y ait toujours des hommes prêts à remplir les fonctions les plus serviles, les plus sales et les plus abjectes de la communauté. Le fonds du bonheur humain en est grandement augmenté, les gens comme il faut, plus délicats, débarrassés de telles tribulations peuvent doucement suivre leur vocation supérieure*[9] *»*. Voilà véritablement en quoi les pauvres sont de bons travailleurs : ils acceptent bon gré mal gré de faire le sale boulot pour un salaire de misère.

Mais je ne voudrais pas verser dans le misérabilisme sentimental en affirmant sans le justifier que les emplois les moins qualifiés sont les plus pénibles. Toutes les enquêtes sur les conditions de travail le disent. De 1984 à 2005, selon la DARES, toutes les formes de pénibilité physique ont augmenté : rester longtemps debout, dans une posture pénible, porter des charges lourdes, faire des mouvements douloureux, subir des secousses ou être exposé à un bruit intense sont des situations qui peuvent concerner jusqu'à la moitié des salariés. Mais alors que les cadres sont au maximum 21,7 % à se

---

[9] *"A dissertation on the poor laws"*, par le Révérend M.J. Townsend, 1786. Cité par Marx dans le livre I du Capital, section VII.

plaindre en 2005 de devoir rester longtemps debout et 12,7 % à subir une posture pénible, ces taux montent respectivement à 84,5 % et 56,4 % chez les ouvriers non qualifiés ! Les ouvriers, qualifiés ou non, sont trois à dix fois plus nombreux que les cadres (en proportion de leur groupe) à se plaindre de pénibilité physique. Et encore, aucune enquête ne nous informe sur l'image sociale de leur travail ! Les cascadeurs de cinéma, les danseurs classiques ou les sportifs professionnels exercent certainement des métiers dont la pénibilité physique est évidente, mais ils sont payés en reconnaissance sociale. La particularité des pauvres n'est pas seulement de faire les boulots pénibles, c'est aussi d'assumer la désastreuse image de soi que ces travaux donnent à ceux qui les font.

Notre société a beau se répéter qu'il n'existe pas de « sot métier », il y a bien des « boulots de pauvres » et ce sont toujours les plus dévalorisés, non seulement financièrement, mais aussi socialement. Et pourtant, comme l'avait bien vu le Révérend Townsend, il faut bien que ces tâches soient accomplies, surtout si elles répugnent aux « gens comme il faut ». Il semblerait même que là où se concentrent les riches le volume de ces emplois « inférieurs » devienne proportionnellement plus important dans la mesure où justement les riches considèrent comme normal de se consacrer à leur « vocation supérieure » et qu'ils délaissent par conséquent un grand nombre de travaux qu'ils ne jugent pas dignes d'être exécutés par leurs mains délicates. Une fois de plus, je ne dénonce rien en affirmant cela, mais je déroule un raisonnement qui permet de comprendre pourquoi les quartiers populeux et miséreux sont toujours plus importants aux abords des grandes villes que dans les villes moyennes.

Suivez mon raisonnement : les villes moyennes sont peuplées de classes du même nom. Un certain nombre d'entre leurs habitants est issu des classes populaires. Pour eux, il est inconcevable d'obliger une personne étrangère, mais considérée avec le respect que permet la proximité sociale, à mettre le nez dans leur saleté. Inconcevable aussi de les traiter comme des nobles pourraient traiter leurs domestiques. Les classes moyennes, dans leur volonté farouche de se rendre maîtres de leur existence, assument et partagent en couple la plus grande partie des tâches domestiques, y compris les plus dégradantes. Elles lavent leur linge sale en famille, littéralement parlant, et ne le laissent pas faire à d'autres.

En revanche, les riches sont très peu compétents en matière d'activités domestiques : d'abord parce que celles-ci leur prendraient trop de leur temps, qui est aussi précieux que leur argent, mais surtout parce que les classes supérieures peuvent aisément payer des salariés pour faire à leur place les tâches les moins épanouissantes. « Le fonds du bonheur humain », comme dirait Townsend et tous les économistes après lui, consiste même précisément à s'affranchir des contraintes de la vie quotidienne par l'enrichissement (et pas par le travail, contrairement à un amalgame trop fréquent et très contestable). Plus je suis riche, plus je peux gagner du temps en achetant le temps de travail des autres. Et tant qu'à embaucher quelqu'un, autant que ce soit pour lui faire faire ce qu'il me déplaît de faire moi-même. C'est humain.

Ainsi, on a coutume de dire que l'agglomération des pauvres aux abords des villes les plus riches est le fruit de leur volonté de récupérer les miettes laissées derrière eux par les habitants des hypercentre-villes. Cette théorie du Trickle-down effect, évoquée au chapitre précédent, n'est que partiellement vraie. Car si ça se vérifie, ce n'est pas parce que ces immenses populations de pauvres vivraient de l'aumône ou de la mendicité, et que de telles pratiques seraient plus lucratives auprès des franges les plus aisées de la population qu'auprès des classes moyennes. Seule une minorité de pauvres vit véritablement de la charité privée. La vérité est toute simple : les pauvres travaillent, directement ou indirectement, pour les riches. Et ils font pour eux les tâches que ces derniers ne veulent pas s'abaisser à faire.

Un tract contestataire diffusé au cours des manifestations de 2003 contre le gouvernement Raffarin résumait fort bien cette situation. Le Premier ministre, qui avait popularisé, en tentant de se l'approprier, l'expression « France d'en bas » avait affirmé face à l'ampleur des manifestations de l'époque que ce n'était pas « la rue qui gouverne ». Une affirmation à laquelle il avait été répondu la chose suivante :

« Ce n'est pas la rue qui gouverne mais...

C'est la rue qui essuie la morve de tes gamins, qui s'efforce de leur apprendre à lire, à écrire et à compter. C'est la rue qui se déplace cinq fois la nuit pour amener le bassin à ta vieille maman, qui change ses pansements.

C'est la rue qui conduit le train qui t'emmène en vacances, le bus et le métro que tu ne dois pas prendre souvent. C'est la rue qui fait le planton des heures devant le restaurant où tu déjeunes de quelques bons plats, préparés par la rue.

C'est la rue qui achemine ton courrier, qui répare ou installe ces câbles et ces tuyaux qui font que tu peux prendre un bon bain chaud.

La rue, qui se lève tôt pour que tu aies du pain frais, un café et un journal. La rue, qui ramasse tes poubelles, nettoie tes bureaux, fabrique ta prochaine voiture de fonction, installe ton matelas et ton parasol, répond au téléphone, approvisionne les rayons, tape tes discours, taille la haie, photocopie, balaye, ausculte, assemble, épluche, emballe, graisse, faxe, repasser, arrose.

C'est la rue qui paie ton salaire de ministre, augmentation de 70% comprise, la rue qui cotisera pour ta retraite de ministre. Et des fois, c'est la rue qui vote[10]*. »*

Même s'il parle d'une « rue » qui n'est pas seulement « populaire », mais également peuplée de techniciens et de classes moyennes, ce pamphlet résume bien la logique selon laquelle les bons travailleurs restent ceux qui permettent aux autres de vivre mieux encore car ils les dispensent des tâches ingrates. Enfant, il m'est arrivé de demander qui faisait le ménage dans la maison de notre femme de ménage... La réponse était pourtant évidente. C'était encore elle.

Quiconque a un peu vécu dans une grande métropole finit par comprendre combien cette division sociale du travail, cette complémentarité entre des *riches très riches* et des *pauvres très pauvres* est une évidence. La division du travail social, théorisée en 1894 par le sociologue Emile Durkheim, est au fondement de notre organisation sociale. Il voulait montrer que

---

[10] Ce tract, a priori anonyme, est dû à l'auteur dramatique Gil Bourasseau.

c'est même la complémentarité entre les activités des différents groupes sociaux qui crée les formes modernes de solidarité. Que cette division se fasse au profit de certains et aux dépens des autres n'était pas son problème. Comme lui, vous pouvez fort bien vous en accommoder ; vous pouvez aussi la rejeter de toutes vos forces, si cela vous chante ; cela ne l'empêchera nullement de constituer le premier principe de réalité de la vie sociale. La bonne nouvelle, quoi qu'on en pense, est que cela nous a permis de comprendre un aspect essentiel de l'utilité des pauvres dans notre société. Celle d'être des travailleurs –voire des chômeurs- dont tout le monde a besoin. Voilà une première bonne raison de les remercier d'exister…

Mais si le révérend Townsend affirmait que les pauvres sont des travailleurs si utiles, c'est aussi, disait-il, parce qu'ils sont des consommateurs du même acabit. Et c'est sur ce point que nous allons désormais nous pencher.

Merci les pauvres, mais merci aussi…

Honoré de Balzac, pour *Peines de cœur d'une chatte anglaise* (Flammarion, 2005)

Howard Becker, pour *Outsiders,* (Ed. Metaillé, 2012)

Gil Bourasseau, pour *« Texte de la France d'en bas à un homme proche du peuple »* (disponible sur www.theatre-contemporain.net/auteurs)

La Direction de l'Animation de la Recherche, des Etudes et des Statistiques (DARES), pour *Premières synthèses*, janvier 2007 (disponible sur www.travail.gouv.fr)

Karl Marx, pour *Le manifeste du parti communiste* et pour *Le Capital* (version numérique : http://classiques.uqac.ca/)

Thomas Piketty, pour *L'économie des inégalités* (Coll. Repères, La découverte, 2004)

Joseph Stiglitz, pour *Le prix de l'inégalité* (Actes Sud Editions, 2014)

Chapitre Trois

Les pauvres sont de bons consommateurs

« Je verrai toujours de la merde /
Même dans le bleu de la mer
Je dormirai sur des millions /
Je reverrai toujours toujours Bidon[11] *»*

Peu regardants sur la nature du travail qu'on leur demande de faire, les pauvres ne le sont pas plus sur la qualité des biens qu'ils consomment.

Bien que je n'aie nullement l'intention d'en appeler à Marx à chacune de mes analyses, je suis bien obligé pour commencer ce chapitre de consacrer à ses idées la place qu'elles méritent.

Si vous avez la bonne idée de lire cet essai dans l'ordre où il se présente, vous avez encore en tête l'analyse de la plus-value relative vue au chapitre précédent. J'avais alors promis de revenir sur l'importance que Marx attribuait à la baisse des salaires comme moyen d'accroître cette survaleur créée par les ouvriers, au-delà de ce qu'ils créent pour rembourser leur entretien, c'est-à-dire leurs salaires. Marx en déduisait une chose qui ne peut être passée sous silence tant elle fait écho aux mécanismes de la mondialisation que nous observons aujourd'hui. Il montre en effet dans *Le Capital* que le système capitaliste consacre des efforts intenses à réduire la valeur des biens consommés par les ouvriers, dans la mesure où une telle baisse a un effet direct sur la hausse de la plus-value relative, donc sur le profit des producteurs.

Marx cite un certain Benjamin Thompson, qui dans ses *« Essais politiques, économiques et philosophiques »* donnait des recettes pour *« remplacer par des succédanés les aliments ordinaires et trop chers des travailleurs ».* Il s'agissait avec de l'orge, du maïs, des harengs et une pincée d'épices de fabriquer une soupe à moins d'un quart de penny par tête. Cette soupe au rabais devait être servie en priorité dans les *workhouses*, ces asiles de travailleurs institués en Grande-Bretagne par la loi sur les pauvres, sous le règne d'Elisabeth d'Angleterre, et dont

[11] *Bidonville*. Claude Nougaro. 1966

l'objectif était de ramener les pauvres vers le travail pour les sortir du vice et de la paresse.

Ce que montre Marx, c'est que le maintien des pauvres dans la pauvreté n'est pas juste un phénomène passager et accidentel mais un rouage essentiel du système capitaliste. Il évoque même la dégradation programmée de la qualité des marchandises destinées aux travailleurs. *« La falsification des marchandises,* disait-il, *marchant de front avec le développement de la production capitaliste, nous a fait dépasser l'idéal de ce brave Thompson ».* On se demande en effet si les biens de grande consommation importés d'Asie de nos jours ne relèvent pas pour un grand nombre d'entre eux de la « falsification des marchandises ».

Un bon client, ça gobe tout !

Mais demandons-nous un instant qui sont ceux, parmi les consommateurs, qui font preuve d'exigence sur la qualité des produits qu'ils achètent ? Une partie des classes moyennes, certainement, la mieux informée et la plus préoccupée de son bien-être, la plus inquiète sans doute, celle qui lit et anime le travail des associations de consommateurs, celle qui mange bio, épluche à la loupe la composition des produits qu'elle achète et refuse le moindre produit dont un seul ingrédient prêterait à suspicion.

Les pauvres, eux, ne font pas de telles manières. Ils achètent ce qu'on leur vend ! Et même si de nombreux indices laissent penser qu'ils font littéralement *« contre mauvaise fortune bon cœur »* ils se conforment à l'un de ces nombreux dictons destinés à leur faire accepter l'inacceptable : *« Si tu n'as pas ce que tu aimes, aime ce que tu as ».* Ou aime ce qu'on te vend… Je me souviens de Raymond Barre, spécialiste de la rigueur économique, lançant un jour cette maxime comme un argument ultime à destination de ceux qui auraient rêvé d'une politique publique plus généreuse.

Le présent essai est bien trop court pour que je puisse traiter complètement la question de la soumission (réelle ou supposée) des pauvres au système marchand, mais je voudrais au moins vous donner les moyens de vous faire un avis sur cette épineuse question.

Pour cela, il est intéressant d'aller voir ce qui s'est écrit dans le domaine de la consommation culturelle. Car c'est dans ce domaine que les pauvres ont été le plus fréquemment soupçonnés de gober n'importe quoi. Dès les années 1930, les néomarxistes ont alerté sur les processus d'aliénation des masses que constituait l'industrie du divertissement en plein développement à Hollywood et ailleurs. Dans *« La dialectique de la raison »*, Adorno et Horkeimer affirmaient pour le dénoncer que *« dans le capitalisme avancé, l'amusement est le prolongement du travail »*. Se substituant en quelque sorte à la religion qui fut longtemps l'opium du peuple, selon une formule célèbre de Marx et Engels, le loisir « formaté » est devenu l'outil avec lequel le capital non seulement s'enrichit et s'accroît, mais fait aussi oublier aux masses laborieuses leurs conditions de vie dégradantes et leurs vies de travailleurs exploités.

Philosophes avant tout, Adorno et Horkeimer vont jusqu'à montrer que le système annihile les capacités de réflexion des ouvriers en empêchant tout effort d'imagination et en stimulant sans cesse les cerveaux, au point que la vue d'un film parlant, trop rapide selon eux, va jusqu'à interdire « toute activité mentale ». Je précise que cette analyse fut publiée en 1944, alors que le cinéma parlant n'avait qu'une vingtaine d'années d'existence… On sait maintenant que les innovations numériques l'ont fait passer de « parlant » à « bruyant » et qu'il est devenu bien plus abrutissant encore qu'il ne pouvait l'être à ses débuts. Que diraient nos deux philosophes devant la prolifération d'images et de sons qui saturent en permanence le cerveau de ceux qui consomment la culture plus qu'ils ne la produisent ? Car parmi les nombreux indices de la capacité des riches à résister à l'aliénation de l'industrie audiovisuelle, le premier est que les enfants des milieux privilégiés pratiquent bien plus d'activités artistiques que les enfants de pauvres et le deuxième est que, par conséquent, les riches sont les principaux producteurs et créateurs de films et d'œuvres multimédias, malgré la baisse considérable des coûts de production de ces œuvres qui aurait pu mettre leur production à portée des classes populaires.

Le piège d'un tel système pour les pauvres est qu'il s'appuie sur la stimulation des émotions et procure un plaisir immédiat. Conformément à une tradition qui remonte à Blaise Pascal, les défenseurs de la « raison », c'est-à-dire des capacités de réflexion, se méfient de tout ce qui est trop « passionnel ». Les passions, associées aux instincts, ont toujours été refoulées par une grande partie des philosophes (à l'exception notable du fou passionné Nietzsche et de son « Gai savoir »). Selon eux, les pulsions et les émotions s'appuient trop souvent sur les bas instincts et sont le propre des individus peu cultivés et peu familiers des choses de l'esprit. C'est par le refoulement des instincts que s'est construite notre culture dominante, comme l'a montré Norbert Elias dans *« La civilisation des mœurs »*. Voilà ce qu'on apprend aux gosses de riches dans les meilleures écoles. Mais pas aux enfants de pauvres qui sont ainsi la cible idéale pour un système qui voudrait vendre du plaisir immédiat. Plaisir d'autant plus recherché et mérité que les pauvres le vivent comme une consolation à leurs emplois pénibles.

Dans le domaine économique, c'est notre ami Galbraith qui a mis le doigt sur la façon dont les grandes entreprises manipulent les besoins des consommateurs pour leur vendre, non pas ce dont ils auraient besoin, mais ce que la « technostructure », comme il l'appelle, a prévu de leur vendre. Si Galbraith s'intéresse aux inégalités de pouvoir il ne les situe pas dans les inégalités de richesse (ou de capital) comme le faisait Marx mais dans la capacité des organisations à imposer leurs objectifs aux individus. On dit pour cela que Galbraith est un penseur du courant « institutionnaliste », car c'est dans les organisations stables et légitimes qu'il trouve les ressorts des mécanismes économiques et sociaux. Ainsi, l'entreprise n'est pas au service des consommateurs, ce que Galbraith pose comme l'un des plus grands mensonges du système, mais ce sont les consommateurs qui sont au service de la croissance des entreprises. Il nomme cela la « filière inversée », puisque les décisions de production ne remontent pas du consommateur au producteur comme dans la filière « classique » où le client est roi, mais parce que les grandes firmes imposent aux consommateurs un mode de vie particulier.

Les méthodes de marketing (ou de propagande, disent certains) sont mobilisées pour convaincre les consommateurs qu'ils ont effectivement besoin de ce qu'on leur vend, avec une efficacité d'autant plus redoutable qu'elles s'appuient malgré tout sur l'idée que les consommateurs sont libres de choisir. *« Il est possible »,* écrivait Galbraith[12], *« que les gens aient besoin de croire qu'ils ne sont pas manœuvrés pour pouvoir l'être effectivement ».* Toutes les études de psychologie sociale ont depuis confirmé cette idée.

Je perdrais du temps à vous les présenter en détail mais ceux que cela intéresse peuvent se reporter avec profit au *« Petit traité de manipulation à l'usage des honnêtes gens »* écrit par Beauvois et Joule. Pourtant, il serait malhonnête, justement, de croire que tous les individus sont aussi aisément manipulables. Il va donc nous falloir refaire un tour dans le domaine de la consommation culturelle pour trouver des arguments permettant de nuancer ce propos un peu trop déterministe. Car les pauvres ont beau être pauvres, il leur reste tout de même une once de libre arbitre…

« Les goûts sont des dégoûts »

Cette citation de Pierre Bourdieu nous permet de comprendre combien il nous est inconcevable d'imaginer que les pauvres puissent aimer la culture « vulgaire » qui les caractérise. Jean-Marie Bigard en a fait l'un de ses meilleurs sketchs, dans lequel il parodie un français ordinaire qui n'arrive pas à comprendre et à admettre le mauvais goût des classes les plus modestes. *« Les pauvres, dit-il, ils voudraient se pourrir l'existence, ils s'y prendraient pas mieux ! (...) On dirait que quand c'est moche autour d'eux, ça les rassure ».* Et il décrit les conditions de vie des gens du peuple, leurs intérieurs avec des reproductions champêtres, leurs vacances au rabais ou leurs femmes au physique ingrat *(« Ils penseraient pas à sortir avec un top model... ils ont pas le réflexe ! »).* Même s'ils font contre mauvaise fortune bon cœur, c'est-à-dire qu'ils ont appris à aimer le peu qu'ils peuvent se procurer, la question se pose tout

[12] John K. Galbraith, *Le nouvel Etat industriel*, Tel Gallimard

de même de savoir si les pauvres aiment sincèrement ou non ce qu'ils consomment.

Richard Hoggart est un sociologue anglais qui s'est fait connaître en analysant avec une grande finesse *« La culture du pauvre »* (titre de son livre publié en 1957). Il était lui-même issu des classes populaires et connaissait son sujet. C'est à lui que l'on doit une idée essentielle en matière de consommation populaire : celle selon laquelle les pauvres ne sont pas dupes de la qualité des produits qu'ils consomment. Il a étudié la lecture de magazines en s'interrogeant sérieusement sur ce qui pouvait bien attacher les lecteurs populaires à ces revues dans lesquelles tout est superficiel et sans aucune profondeur. Or, il a observé que si les paroles des chansons populaires, par exemple, sont parfaitement idiotes, cela importe peu car *« nombreux sont les gens du peuple qui ne leur prêtent aucune attention ».* En fait, Hoggart constate que la qualité même du produit de grande consommation culturelle a beaucoup moins d'importance que l'usage qui en est fait. C'est d'ailleurs le titre original de son étude, dont « La culture du pauvre » n'est que la version française, le titre anglais étant littéralement : « Les usages de la littérature populaire ». Si on valide l'analyse de Hoggart, on passe d'un modèle de domination culturelle dénoncé par les néomarxistes à un modèle de distanciation culturelle dans lequel les pauvres prennent les objets de consommation qu'on leur propose *mais pour en faire l'usage qui leur convient.*

Car ce que les pauvres consomment a d'abord pour but, selon Hoggart, de créer *« une communauté chaleureuse, une sorte d'archétype de l'expérience populaire des relations sociales ».* De nos jours encore, les jeunes filles de milieux populaires qui s'identifient à travers les magazines et les émissions de téléréalité à des vedettes éphémères qui leur ressemblent (ou auxquelles elles veulent ressembler, ce qui revient au même) ne font rien d'autre qu'utiliser cette culture sans valeur, dans tous les sens du terme, c'est-à-dire sans idéal mais aussi sans coût : une culture au rabais. Elles s'en servent pour se trouver un centre d'intérêt facile à partager avec la majorité des gens de leur milieu et pour en tirer du lien et de la reconnaissance sociale. Il faudrait être presque asocial de nos jours (ou ne pas craindre d'être pris pour tel) pour afficher son goût immodéré pour le théâtre ou l'opéra, surtout si l'on est jeune et même si l'on est issu des classes moyennes ou supérieures. Dans une société où il est impératif d'avoir de nombreux amis, qui ne sont parfois que de lointaines connaissances, mieux vaut connaître ce que tout le monde connaît. « Non mais allo, quoi… », sinon t'as pas d'amis... Etre cultivé consistait pendant longtemps à savoir ce que les autres ignoraient, mais désormais la vraie culture, même dans les classes supérieures, doit être éclectique : il faut, avant toute chose, connaître ce que connaît tout le monde.

Consommer ce que les autres démunis consomment, voilà quelle est la qualité majeure d'un « bon » consommateur, et l'on peut s'inquiéter comme le firent à juste titre les philosophes de l'Ecole de Frankfort (Adorno et Horkeimer) du rôle que joue une telle absence d'exigence dans la perpétuation de la domination des classes populaires par les classes supérieures, qui gardent, elles, le choix de la qualité des biens qu'elles consomment, dans le domaine culturel comme dans les autres. D'autant plus que le fait de « gober » tout et n'importe quoi entretient le stéréotype d'individus irréfléchis, immatures, dont Bigard se moque avec ironie dans son sketch. Un exemple caricatural (mais bien réel) en a été donné en janvier 2018 à l'occasion d'une promotion pour les pots de Nutella dans une grande chaîne de distribution. Des images ont circulé sur les réseaux sociaux, où l'on voyait des clients se battre pour profiter de la réduction, somme toute modeste, de 70 % sur l'achat de deux pots maximum (ce qui correspond à moins de 10 €). Les journaux se sont empressés d'évoquer des « scènes d'émeutes », expression qui qualifie ordinairement les mouvements de rue dans les pays où la population souffre de la faim. Ainsi, les pauvres seraient ceux qui se battent pour un produit dont les dangers nutritionnels sont bien connus des classes supérieures, comme s'ils ignoraient, comme le dirait Bigard, que la consommation de caviar est quand même bien meilleure pour la santé… Les images, diffusées et rediffusées par les médias, ont fait craindre à l'entreprise Ferrero, propriétaire de la marque Nutella, que l'étiquette « produit de pauvres » colle durablement à ses pots de pâte à tartiner. La maison-mère s'est empressée de publier un communiqué de presse précisant qu'elle « déplore cette opération et ses conséquences qui créent confusion et déception dans l'esprit des consommateurs ». La *confusion* serait en effet que le public se mette à associer ce produit aux « sauvages » qui se battent pour le consommer et la *déception* serait que ceux qui affichent leur goût pour le Nutella se sentent désormais rabaissés au rang de « démunis » culturels et gastronomiques… Dans l'opération, Nutella risquait rien de moins que la perte de la frange la plus aisée de sa clientèle. Ce qui fait du monde, tout de même… Les pauvres, eux, ont vu pour l'occasion se renforcer le stéréotype de crève-la-faim qui les suit depuis toujours, et qui exerce une violence symbolique[13] sur l'image qu'ils peuvent avoir d'eux-mêmes. *In fine*, les vidéos de ces « émeutes » servirent d'avertissement aux classes moyennes : voyez ce qui vous guette si vous n'y prenez garde !...

Les pauvres valident les principes de la concurrence

Mais revenons maintenant sur la dimension économique du problème. L'utilité du consommateur pauvre est multiple, au regard du système productif. Et l'une de ses qualités les plus importantes est qu'il valide en tant que consommateur, comme il le fait en tant que travailleur peu productif, les principes du modèle théorique dominant en économie. En effet, la logique de l'économie de marché repose sur un fondement essentiel qui est la rationalité des agents. Cela signifie que les producteurs comme les consommateurs ne font aucun choix qui ne soit pas le fruit d'un calcul et qui irait contre leurs intérêts. Il s'agit pour les producteurs de maximiser leur profit et pour les consommateurs, d'obtenir le plus de satisfaction au plus bas prix possible. Seuls ces comportements peuvent rendre maximum ce que les économistes nomment le bien-être social.

En Europe, et en France en particulier, toute la politique de la concurrence repose sur ces principes-là précisément et nos institutions ont posé comme un postulat incontestable que tous les consommateurs recherchent les produits au plus bas prix. Tous les mécanismes du marché qui peuvent aboutir à une baisse des coûts de production sont alors vus d'un œil favorable

---

[13] nous parlerons plus longuement de la violence symbolique au chap.6

par le commissaire européen à la concurrence, quelles que soient les autres implications sociales ou environnementales qu'un coût aussi faible peut entraîner. Il est donc essentiel qu'il existe des consommateurs recherchant des prix bas, et que ces consommateurs soient nombreux, pour que la politique de la concurrence puisse tirer de leur existence la légitimité morale qu'elle ne tire pas du vote démocratique. Le commissaire à la concurrence est en effet le seul membre de la Commission européenne qui n'a pas de compte à rendre aux exécutifs nationaux ou au parlement européen. Il doit juste faire la pédagogie de son action, c'est-à-dire répéter sans cesse que toutes ses décisions sont prises conformément aux principes dominants de la théorie économique et au profit de la masse des consommateurs les plus désavantagés. Quand on a la science et la morale derrière soi, on peut sans doute se dispenser du suffrage démocratique…

Or, une telle politique de la concurrence n'aurait pas de sens dans un monde de classes moyennes éclairées ou pire encore, constitué de consommateurs riches qui fuient les produits bon marché, à la fois car ils sont très souvent de piètre qualité mais aussi parce qu'ils ne permettent pas de se distinguer des consommateurs ordinaires. La politique de la concurrence est destinée aux pauvres qui en sont certainement le point de départ, comme « producteurs », mais malheureusement aussi le point d'arrivée, comme consommateurs…

Le système productif de masse, par définition, n'est pas fait pour satisfaire les riches qui s'approvisionnent dans des niches marchandes très étroites et très sélectives, auprès de producteurs qui s'adressent à eux en exclusivité. Si nombre d'entre eux dirigent de grands groupes industriels, ils sont peu nombreux à y acheter les biens qu'ils consomment. De ce point de vue, on voit qu'ils ne sont pas d'aussi bons consommateurs que les pauvres.

La faim des pauvres engraisse les riches

Les pauvres présentent une autre qualité en tant que consommateurs, qualité bien connue de tout lycéen ou étudiant en début de cursus d'études en sciences économiques. C'est qu'ils ont une forte propension à consommer leurs revenus. Ce constat est au cœur de l'analyse économique keynésienne. Déterminé à montrer que la dépression des années 30 n'était pas une crise de l'offre mais une crise de la demande, Keynes s'est appuyé sur une sorte de prolongement de la loi d'Engel, formulée en 1857 : plus le revenu augmente, plus la part des dépenses consacrées aux biens de première nécessité diminue. Il existe même un seuil à partir duquel l'augmentation du revenu s'accompagne d'une baisse de la part des revenus consacrés à la consommation, au profit de la part épargnée par les individus. Ce seuil de revenu est non déterminé, en fait, car il est variable selon les individus, mais il existe incontestablement. Keynes s'intéressa précisément à la propension marginale à consommer, c'est-à-dire à l'utilisation non pas de tout le revenu mais d'un simple *accroissement du revenu*, et là le constat est sans appel : donnez 100 € supplémentaires à un riche, il les épargnera très certainement. Donnez-les à un pauvre, il les consommera sans délai, dans la mesure où tous ses besoins sont encore loin d'être satisfaits.

Voilà donc une nouvelle vertu des pauvres : ils sont des consommateurs frénétiques, acharnés. Ils en veulent même pour plus que ce qu'ils gagnent et sont donc prêts à consommer, en plus des biens qu'ils achètent, toute une catégorie de services bancaires qui leur sont destinés. Les pauvres ne sont pas tous dupes, il est vrai, mais nombreux sont ceux qui ont cru qu'ils pourraient s'enrichir en s'endettant, ce qui constitue en fait un privilège de riche. C'est le cas de tous ceux que l'on a convaincus d'accéder à la propriété alors qu'ils n'en avaient absolument pas les moyens, dans la simple mesure où leur épargne d'une vie entière ne pouvait pas, de toute façon, couvrir l'investissement immobilier au niveau des prix pratiqués depuis les années 2000. Les *subprimes* américains, qui ont joué un rôle majeur dans le déclenchement de la crise de 2008, reposaient sur un tel mensonge.

Seulement les pauvres sont de bons consommateurs et aiment qu'on les traite comme des rois, conformément aux principes de l'économie de marché. Galbraith met en exergue d'un de ses chapitres une citation du professeur Samuelson, *« Le consommateur est en somme le roi... »*. C'est l'expression de ce que Galbraith nomme la filière classique, et dont tous les économistes libéraux sont convaincus. La suite mérite qu'on s'attarde dessus : « *Chaque consommateur est un électeur qui décide, par son vote, que telle chose sera faite parce qu'il veut qu'elle soit faite* ». Quand je vous parlais de légitimité démocratique… Pour les libéraux, le vote qui est fait par le porte-monnaie est plus important que celui qui passe par l'urne. Car il est celui qui guide l'ensemble des actions économiques et qu'il permet de justifier que le système productif est entièrement voué à la satisfaction des désirs des consommateurs-électeurs.

L'idée fondamentale des économistes libéraux est que l'on a tous le choix, et donc que plus nos possibilités apparentes de choix sont importantes plus le système fait la preuve de son efficacité. Habituellement, ce sont les riches qui empruntent pour s'enrichir alors que les pauvres ne s'endettent que pour ne pas s'appauvrir. C'était une dynamique déjà soulignée par Veblen dans sa *« Théorie de la classe oisive »* : quiconque a goûté une fois aux plaisirs de la consommation marchande, même la plus futile, ne peut envisager de revenir à son train de vie antérieure. C'est la première qualité des pauvres en tant que consommateurs : ils valident le mode de vie des riches dès qu'ils y ont goûté, et en attendant ils l'admirent et rêvent de toucher du doigt au moins une fois dans leur vie les ors et les paillettes qui font le quotidien des élites. On le vérifie à travers la prédilection des touristes pour la visite des quartiers riches, des palais et des boutiques de luxe. Certes, les touristes ne sont pas des pauvres à proprement parler, puisque les longs voyages sont réservés à ceux qui en ont les moyens. Mais les touristes que j'évoque sont pour la plupart des anciens pauvres…

Les sociologues ont trop écrit sur ce modèle de la diffusion culturelle des élites vers le peuple pour que je tente de faire le tour des théories existantes. Je voulais juste évoquer les débats entre économistes et sociologues à propos de la consommation populaire : les pauvres sont pris en tenaille entre la position d'idiots qui gobent tout ce qu'on leur donne et celle d'un groupe capable de se réapproprier et de modifier à sa guise les codes posés provisoirement par les classes dominantes en choisissant librement parmi les biens qu'on leur propose, car il est vrai que même le plus pauvre des consommateurs n'a pas de couteau sous la gorge à l'instant où il fait ses achats…

Je voulais rappeler tout cela pour vous permettre de comprendre finalement combien les pauvres qui consomment le plus sont ceux qui ont cru pouvoir accéder à la richesse. Ceux qui avant de passer à l'endettement pour ne pas s'appauvrir ont même tenté des crédits de riches, qui n'étaient pas faits pour eux. C'est cette norme de consommation qui a été le déclencheur de la crise que nous vivons. Elle en a été le véritable révélateur. Bien sûr, on a tôt fait d'en faire porter la responsabilité à ces emprunteurs inconscients ou irresponsables que sont les pauvres. Mais franchement, qui pourrait résister à une telle promesse ? Imaginez qu'un banquier vienne vous voir, alors que vous n'avez rien, ou si peu, et qu'il vous propose de prendre un ticket dans un jeu gagnant à tous les coups ! Le principe des subprimes était simple : vous achetez un logement avec l'argent que le banquier met à votre disposition sans avoir à le rembourser pendant les premiers mois où vous profitez librement de votre patrimoine de nouveau riche. Ensuite, deux options : soit vous êtes en mesure de rembourser peu à peu ce que vous devez et vous gagnez le droit de continuer à vivre dans un bien qui vous appartient de plus en plus ; soit vous revendez le bien immobilier en encaissant une plus-value que vous partagez avec votre prêteur. *Pile*, vous gagnez en devenant propriétaire de façon inespérée, *Face* vous gagnez en augmentant vos revenus. Qui refuserait de jouer ?

Or, les dossiers de surendettement, dont le nombre approximatif est passé de 30.000 à 180.000 en France de 2007 à 2017, selon la Banque de France, sont majoritairement déposés par ces pauvres grenouilles qui auraient voulu se faire aussi grosses que leurs riches modèles. Les cadres, qui représentaient 19 % des ménages en 2016, ne représentaient que 1,1 % des dossiers de surendettement la même année. Non pas qu'ils étaient moins endettés que les ouvriers (ils le sont plus en volume des crédits réalisés) mais parce qu'ils n'empruntent que de l'argent qu'ils peuvent rembourser. En revanche, les ouvriers et les employés, qui sont environ 30 % des ménages, constituaient 57,5 % des surendettés en 2016. Ceux-là ont rêvé de posséder leur château en Espagne, même si ce n'était parfois qu'un appartement de 50 m^2 dans une quelconque banlieue soumise comme toutes les autres à la bulle des prix du logement. Tous ces consommateurs-là[14] ont été de parfaits soldats du système marchand. On dira juste que la chance leur a manqué, que le sort leur a été défavorable, qu'un accident de la vie a provoqué une baisse inattendue de leurs revenus. Expression magique, ces « accidents de la vie », qui met sur le même plan les tsunamis, les carambolages sur autoroute, la maladie, les séparations conjugales et les licenciements massifs. Mais quelles sont les valeurs morales de ce système marchand qui est généreux uniquement avec ceux qui ne seront jamais divorcés, malades, vieux ou chômeurs ?

Au final, les pauvres ont une ultime qualité : ils sont tout de même ceux qui reviennent avec le moins de difficulté vers la pauvreté, et n'en font pas toute une histoire. Les vrais pauvres le sont pour la vie, et même quand ils s'en sortent un peu ils se souviennent toujours d'avoir été pauvres et gardent la certitude que leurs enfants pourront l'être à nouveau. Cette population-là accepte et supporte presque sans broncher toutes les fluctuations et toutes les turbulences qui accompagnent le système économique capitaliste. Les pauvres saisissent sans rechigner les moindres plaisirs et les bienfaits ponctuels et immédiats que leur fournit la production marchande et se trouvent déjà bien heureux, comme le disaient les moineaux de Balzac, de vivre *« infiniment mieux que [lorsqu'ils étaient] à l'état sauvage »*, ou de vivre mieux, comme s'en réjouissaient les fourmis de la même fable, que les pauvres des autres contrées.

Dans *« Le petit poisson et le pêcheur »*, l'une de ses fables qui n'a pas connu un grand succès dans les milieux où l'argent fait des petits, La Fontaine rappelait que pour un simple pêcheur *« un tiens vaut mieux que deux tu l'auras »*. Autrement dit, pour l'homme du commun tout est bon à prendre plutôt que de

[14] Je ne commets pas une erreur de débutant en ayant l'air de confondre la consommation et l'investissement immobilier. C'est par pure convention que les économistes assimilent l'achat immobilier à un investissement qui serait de nature très différente de la consommation. Car tous les revenus placés dans le logement disparaissent aussi sûrement que ceux que l'on consomme. La démonstration est facile à faire, mais ce livre ne s'y prête pas.

compter sur d'hypothétiques revenus à venir. Une vraie morale de pauvre, en vérité… Car au fond, que les biens qu'ils consomment soient frelatés, dangereux, nocifs, abêtissants ou d'une crétinerie sans fond, les pauvres s'en fichent éperdument. Ils laissent de telles angoisses aux classes moyennes. Les pauvres consomment sans réfléchir, tout ce qu'ils peuvent, et se dépêchent de le faire en attendant le prochain accident de la vie…

Oui, la consommation est la consolation des pauvres, presque leur récompense. Puisque le déclin des religions, en les écartant de l'obscurantisme et en les rapprochant de la science, leur a enlevé la certitude d'un paradis futur, la consommation reste leur dernière promesse de bonheur, même fugace. Et il faut bien admettre qu'ils y trouvent quelques jolis entractes, entre une enfance difficile et une mort précoce. C'est pour cela que les pauvres consomment de tout leur cœur, sans réfléchir, n'importe quoi.

Qui pourrait décemment leur en faire le reproche ?

En revanche, il leur est souvent reproché de consommer des produits de mauvaise qualité et de produire trop de déchets, faisant ainsi la preuve de leur absence totale de préoccupation écologique. Ainsi, s'ils sont des consommateurs dociles, ils seraient tout de même de piètres défenseurs de l'environnement. En vérité, cette affirmation est loin d'être vérifiée…

Merci les pauvres, mais merci aussi...

Adorno et Horkheimer, pour *La dialectique de la raison* (Tel Gallimard, 1983)

Banque de France, pour *Le surendettement des ménages,* enquête typologique 2016 (à consulter sur particuliers.banque-france.fr).

Jean-Léon Beauvois et Robert-Vincent Joule, pour *Petit traité de manipulation à l'usage des honnêtes gens* (PUG, 2014)

Pierre Bourdieu, pour *La distinction*, (Les Editions de Minuit, 1979)

Richard Hoggart, pour *La culture du pauvre. Etude sur le style de vie des classes populaires en Angleterre* (Les éditions de minuit, 1970)

Jean de la Fontaine, pour *Les fables* (Les classiques de Poche, 2002)

Chapitre Quatre

Les pauvres sont de bons écologistes

« Le produit du sol fait vivre presque tous les hommes qu'il est susceptible de faire vivre. Les riches choisissent seulement dans cette quantité produite ce qui est le plus précieux et le plus agréable[15] *»*

De bons écologistes, les pauvres ? En voilà une idée saugrenue !

Si vous n'avez sans doute pas eu grand mal à me suivre lorsque nous avons dit que les pauvres sont des travailleurs dociles et bon marché ou des clients peu regardants sur la qualité des produits qu'ils consomment, il est probable que leurs vertus écologiques vous aient jusqu'à présent totalement échappé. Je ne vous en voudrais pas pour autant, car au palmarès des représentations stéréotypées que les groupes sociaux entretiennent les uns sur les autres, les valeurs écologistes ne sont certainement pas celles que l'on attribue en priorité aux pauvres. On se demande bien en effet pourquoi quelqu'un dont la place sociale est la moins valorisée de toutes, quelqu'un qui n'a plus rien (ou si peu) à perdre, se préoccuperait d'améliorer la qualité de vie des autres... Quand votre horizon est borné par tant de limites qui s'opposent à la réalisation de vos besoins les plus élémentaires, quelles raisons auriez-vous de vous inquiéter de l'avenir de la planète ou même de l'humanité elle-même ? Quand chaque jour vient confirmer la noirceur des jours précédents, ou que les petits bonheurs de la vie se font toujours plus rares, je vois mal ce qui pourrait vous pousser à considérer que le recyclage de vos déchets ou le compostage de vos ordures est une urgence absolue... C'est entendu (et vérifié politiquement) : l'écologie est une affaire de bobos ou, pour le dire moins ironiquement, de classes moyennes aux vertus citoyennes.

Avant de chercher à comprendre quels sont les arguments permettant d'affirmer sans sourciller que les pauvres sont « de bons écologistes », nous allons donc tenter de lever les

[15] *Théorie des sentiments moraux*. Adam Smith. 1790

obstacles à la compréhension de cette évidence qui est tout... sauf évidente. Pour cela, il va falloir comprendre pourquoi une représentation dominante s'est imposée depuis fort longtemps pour associer les pauvres à la caractéristique première de la pollution industrielle : les ordures.

Eloge de la pourriture sociale

L'amalgame tout à fait injuste et malveillant que nous allons évoquer est donc celui qui associe les pauvres à des résidus, à des détritus, ou à des déchets. Certes, cette analogie n'est formulée par personne de façon aussi « crue », voire cruelle. Elle ne s'exprime jamais explicitement, tant elle heurte les valeurs morales. Elle fait partie, elle aussi, des questions qu'il ne faut pas poser. Personne n'oserait rendre public de tels propos sauf éventuellement en se cachant derrière des intentions humoristiques ou provocatrices. Des films comme *« Affreux, sales et méchants »*, ou *« Le père Noël est une ordure »* en avaient fait leur fonds de commerce avec un certain succès, à une époque où l'on pensait encore que la pauvreté pourrait aller en s'amenuisant. Mais quand la société n'ignore pas ses pauvres, elle les considère tout de même officiellement comme un groupe d'individus méritant dans l'absolu autant de respect que chacun en attend pour lui-même. Or, ce n'est pas la vérité.

Car dans l'esprit d'un très grand nombre d'entre nous, les pauvres ont des caractéristiques qui les assimilent inconsciemment à des déchets. Et cette association d'idées est très efficace car elle fonctionne sur plusieurs plans simultanés.

La première dimension dans laquelle les pauvres et les déchets se confondent dans l'imaginaire collectif est celle de la saleté. Pierre Desproges déjà avait remarqué que *« si les riches sentent, les pauvres puent »*. Dès que la société a commencé à se soucier de propreté et d'hygiène, elle s'est penchée sur le problème des pauvres pour les désigner comme la population insalubre par excellence. De la vermine, en réalité.

Le docteur Villermé est connu pour avoir publié en 1840 un *« Tableau physique et moral des ouvriers employés dans les manufactures de coton de laine et de soie »*. Dans cette longue étude qui fut l'une des premières à étudier rigoureusement les conditions de vie des classes populaires, Villermé ne cache presque aucun des aspects les plus répugnants de la misère populaire. Ainsi, ayant visité des logements d'ouvriers dans un quartier de Lille situé Rue des Etarques, il rapporte le constat suivant : *« Je n'ai jamais vu à la fois autant de saletés, de misères, de vices, et nulle part sous un aspect plus hideux, plus révoltant »*.

Les écrivains du XIX° siècle s'empareront de ces descriptions pour dénoncer les conditions de vie des plus démunis. Eugène Sue publiera dès 1842 *« Les mystères de Paris »*, et Hugo dévoilera ses *« Misérables »* vingt ans plus tard. En même temps naîtra un courant hygiéniste qui fut beaucoup critiqué pour avoir assimilé les pauvres à la saleté et à la maladie et pour avoir favorisé ou justifié des opérations de nettoyage urbain qui trouvent encore écho dans les propos de certains de nos présidents de la République (du *« bruit et des odeurs »* de Jacques Chirac au nettoyage au *« karcher »* de Nicolas Sarkozy). Les découvertes de Louis Pasteur justifieront les préoccupations des hygiénistes qu'on ne devrait pas blâmer trop rapidement tant leurs intentions furent à l'origine des politiques de santé publique, dont les résultats furent très efficaces en matière d'éradication de certaines maladies.

On ne peut pas dire que la disparition de grandes épidémies comme celle de choléra - qui a décimé tout de même environ 16.000 parisiens en 1832 - soit une mauvaise chose. De nos jours encore, la tuberculose, que l'action préventive et l'amélioration des conditions de vie avaient fait disparaître de notre pays, réapparaît dans l'espace public. Et autant qu'au XIX° siècle se pose la question délicate de l'assimilation des pauvres à cette infection, puisque les nouvelles souches de tuberculose, contre lesquelles les vaccins donnés à nos enfants il y a dix ou vingt ans n'ont aucune efficacité, proviennent de pays pauvres, en particulier en Ile-de-France où le Centre de Lutte Anti-Tuberculose (C.L.A.T.) a identifié de nouvelles souches africaines. En 2012, dans le Val-de-Marne, comme dans d'autres départements de la banlieue parisienne, des collèges et des lycées ont connu plusieurs dizaines de cas de tuberculose autour desquels la consigne générale a été de traiter les cas avérés mais de communiquer le moins possible. Par conséquent, les parents étaient informés par les médias nationaux avant de l'être par les établissements scolaires. Comme si les maladies de pauvres étaient des maladies honteuses...

Pour des raisons morales, il *ne faut pas* dire que les pauvres transmettent des maladies, même quand c'est vrai. Et c'est paradoxalement ce qui renforce le plus les préjugés qui affirment que les pauvres sont malsains. Car quand les infections deviennent un problème de santé publique, et que l'opinion en prend alors connaissance, c'est qu'elles sont devenues très virulentes. Or, les pauvres attendent toujours le dernier moment pour se soigner, c'est même ce qui les distingue des riches : ces derniers sont si effrayés d'envisager leur propre disparition qu'ils ont très souvent un temps d'avance sur leurs maladies. Les pauvres, peu familiers avec le savoir médical et souvent éduqués dans l'idée que l'on fait preuve de force et de courage en affrontant seul la maladie, ne consultent qu'au dernier moment. On sait, par exemple, que les SDF qui meurent en hiver sont tués par des fragilités acquises depuis l'été et non soignées à temps. Les pauvres se sont même familiarisés avec cette idée selon laquelle ils sont fatalement le support de diverses plaies. Et comme la propreté, l'hygiène et les parfums ont aussi un coût, les pauvres s'en affranchissent et s'en remettent à la fatalité. Les plus pauvres des plus pauvres utilisent même leur saleté comme un bouclier qui tient les braves gens à distance : pour qu'on ne vienne pas les embêter, ils « emmerdent » à proprement parler leur entourage.

Or, il se trouve que la saleté des pauvres est justement la cause première des maladies qui les déciment. La Nature est bien faite, pourrait-on dire si la nature y était pour quelque chose. C'est pourtant ce que pensait le pasteur Thomas- Robert Malthus, un économiste du XIX° siècle dont le nom est encore aujourd'hui associé aux politiques de restriction des naissances. Malthus avait alerté ses contemporains sur les dangers qu'il y aurait à inciter les pauvres à se reproduire, notamment en leur distribuant des aides sociales, car écrivait-il dans son *Essai sur le principe de Population* en 1803, *« au grand banquet de la nature, il n'y a point de couvert pour [eux] »*.

Il faut noter que même si des considérations morales pouvaient animer le pasteur Malthus il se plaçait dans ses écrits sur le terrain économique : selon lui, une croissance de la population de type 2, 4, 8, 16, 32... (que les mathématiciens nomment de nos jours une croissance géométrique, c'est-à-dire par multiplication) ne pourrait être longtemps satisfaite par une croissance des biens de consommation et de l'alimentation de type arithmétique, c'est-à-dire par addition sur le modèle 2, 4, 6, 8, 10... croissance régulière mais bien moins rapide.

Je ne discuterai pas de la pertinence de la position malthusienne, qui mériterait un livre à elle seule tant l'intuition qu'il a eu des limites physiques du monde, abondamment critiquée par les économistes, retrouve de nos jours une actualité brûlante. Mais je voudrais m'attarder sur l'idée que Malthus a largement contribué à diffuser selon laquelle les pauvres prolifèrent de façon irresponsable : *« Les plantes et les animaux suivent leurs instincts sans s'occuper de prévoir les besoins futurs de leur progéniture »*, pensait-il. Et il ajoutait quelques lignes plus loin que lorsque l'instinct l'emporte, *« la population s'accroît au-delà des moyens de subsistance »*.

Or, on l'a déjà dit précédemment, les pauvres sont moins des êtres de raison que des gens de passion ou d'instinct. Peut-être est-ce pour cela que, dans leur envie de satisfaire leurs besoins immédiats, ils ont tendance à ne pas pouvoir s'empêcher de faire des enfants. Ou bien alors ont-ils une fécondité rationnelle (ou raisonnée) qui n'est pas celle des riches ? Ces derniers considèrent qu'il est illogique d'agrandir sa famille quand on manque déjà de tout pour soi-même. Mais, quelle que soit l'explication que l'on privilégie, les statistiques démographiques donnent depuis longtemps raison à ceux qui associent les pauvres au surnombre : de tout temps sur terre ils ont été bien plus nombreux que les petits groupes de riches, et c'est pour cette raison que ces derniers sont unanimement considérés comme des privilégiés car ils sont peu nombreux à avoir ce que tant d'autres n'ont pas. Mais puisque je m'intéresse aux représentations sociales, c'est moins le fait que les pauvres soient majoritaires en effectif qui m'importe, mais plutôt qu'ils soient vus comme *trop* nombreux, proliférants et pour tout dire envahissants. La multitude des pauvres est un problème car elle menace de noyer la minorité privilégiée et de l'attirer dans sa fange, de l'étouffer comme le ferait une boule de gui sur un arbre ou une mauvaise herbe dans un jardin non protégé par la surveillance bienveillante d'un jardinier qui sait trier le bon grain de l'ivraie et protéger de la pestilence les fleurs rares et fragiles.

Heureusement pour la partie délicate de notre population, leur surnombre et leur saleté créent aussi les conditions de la réduction du nombre de pauvres excédentaires. C'est en tout cas ce que Malthus avait remarqué : *« L'histoire des épidémies montre invariablement que la majorité des victimes se rencontre dans les plus basses classes du peuple, celles qui se nourrissent mal et vivent entassées dans des logements sales et étroits »*, écrivait-il. Il semblerait effectivement que la Nature soit bien faite, puisqu'elle élimine ceux qu'elle produit en surnombre…

De la lourdeur des surnuméraires

Dans nos sociétés modernes, où les pauvres ont appris à faire moins d'enfants, on retrouve malgré tout cette logique de prolifération illimitée quand on observe la croissance de leur poids physique. Alors que dans les premiers temps du capitalisme, le surpoids était un signe extérieur de richesse et que la plupart des pauvres se distinguaient par leur fragilité physique, désormais les pauvres ont tendance à être plus gros que la moyenne de la population, et en particulier que les riches. Ce n'est évidemment pas une observation générale qui les concernerait tous, mais les statistiques sont claires. Selon l'INSERM en France en 2012, 15 % des individus sont considérés comme obèses. Selon une définition courante, les obèses affichent un Indice de Masse corporelle (poids en kilos divisé par le carré de la taille de l'individu exprimée en mètres) supérieur à 30. Lorsque les revenus mensuels des foyers ne dépassent pas 900 € cette part nationale de 15 % passe à 25,6 %, alors qu'au-delà de 5300 € on tombe à 7 %, soit presque quatre fois moins. Aux USA où l'obésité est plus fréquente, on considère qu'un pauvre sur trois est obèse. S'ils ne prolifèrent plus aussi vite qu'avant par leur nombre (encore que la crise de 2008 contribue à en augmenter l'effectif dans la plupart des pays développés) les pauvres croissent donc en masse graisseuse. Exactement à l'image de nos déchets qui nous préoccupent autant par leur quantité croissante que par leur poids en augmentation…

C'est en effet en tonnes que l'on mesure la production d'ordures dans nos pays. L'ADEME estime que chaque français produit plus de 350 kilos de déchets ménagers par an, chiffre qui monte à 500 kilos si l'on divise également le poids des déchets collectifs (ceux des municipalités, écoles, etc.) par le nombre d'habitants. Ce poids envahissant des déchets fait écho au poids problématique des pauvres dont seul un disciple borné de Malthus pourrait se consoler en constatant qu'ils développent des risques de mortalité permettant de compenser en partie la croissance de leur effectif. Car après avoir rappelé que *« l'organisme humain ne peut pas supporter un certain degré de malpropreté et de paresse »,* Malthus rappelait ce qu'un démocrate moderne n'oserait jamais affirmer, mais qui survit en germe dans quelques esprits contemporains : *« C'est une preuve de bienveillance de la part de la nature de châtier ces états par la maladie et la mort ».* D'ailleurs, les westerns de notre enfance nous ont habitués à l'idée très américaine selon laquelle on doit se débarrasser de ces « ordures » qui pourrissent la vie sociale. De là à penser que les maladies de pauvres sont une solution possible au problème de leur surnombre, il n'y a pas loin…

Pourtant, au risque de perdre maintenant les lecteurs les plus sensibles et pour lesquels cette analogie entre pauvres et déchets devient difficilement soutenable, je dois évoquer encore deux dimensions permettant, s'il le fallait, de donner plus de force encore à ce « monstrueux » amalgame.

Le troisième point de comparaison entre les pauvres et les déchets vient de leur proximité géographique. Pour Hervé Kempf, journaliste au Monde et auteur de *« Comment les riches détruisent la planète »*, ce serait même une caractéristique des pauvres, de vivre souvent *« dans les endroits les plus pollués, à proximité des zones industrielles, près des voies de communication, dans des quartiers mal desservis en eau ou en ramassage d'ordures ».* En effet, il n'est pas besoin d'être un grand géographe pour remarquer que notre société parque ses pauvres à proximité des lieux où elle entrepose ses déchets. Là non plus, tous ne vivent pas à côté des déchetteries, mais inversement, là où des déchets sont stockés, la probabilité de croiser des pauvres est bien plus élevée qu'ailleurs. Certaines côtes des pays d'Afrique de l'Ouest, de la Côte d'Ivoire au Libéria, accumulent les déchets électroniques des pays occidentaux, dans lesquels des enfants arrachent des matériaux qu'ils revendent en vrac pour quelques euros par jour, dans une atmosphère de métaux lourds qui réduit considérablement leur espérance de vie. Plus insidieusement, dans notre pays, les logements les moins chers sont parfois construits sur d'anciens terrains industriels particulièrement contaminés assimilables à des décharges non officielles.

Cette proximité entre les pauvres et les déchets s'explique par de nombreuses raisons. La première est une raison historique très clairement expliquée dans *Homo Detritus*, un essai passionnant de Baptiste Monsaingeon (qui qualifie son livre de « Critique de la société du déchet »). Il décrit ces nombreux « travailleurs des déchets » qui pullulaient dans les villes à la recherche de résidus à récolter et à revendre, à commencer par les chiffons avec lesquels on faisait du papier, avant la découverte des propriétés de la cellulose du bois. Les chiffonniers, mais aussi les coureurs, les ramasseurs, les piqueurs, gadouilleurs et autres secondeurs étaient des nettoyeurs urbains qui récoltaient les os, les bouts de cigares, les vieilles boîtes de conserve, les coquilles d'huîtres, etc. Cette population « malsaine » a toujours été dans le viseur des préfets de police, jusqu'à ce qu'en 1883, l'un d'eux trouve le moyen de se débarrasser de cette populace malsaine en même temps que des déchets qu'ils collectaient : le préfet Poubelle impose alors par décret l'utilisation des réceptacles à ordure auxquels on donnera son nom. Il faudra cependant attendre 1946 pour que le métier de chiffonnier soit définitivement interdit, nous apprend Baptiste Monsaingeon, peu avant que l'Abbé Pierre leur redonne une utilité sociale en fondant Emmaüs.

Où peut-on se « décharger » des pauvres ?

Une autre explication du lien entre pauvres et déchets est que les lieux de stockage ou de tri des ordures sont eux-mêmes situés dans les zones les moins agréables à vivre de notre territoire. Par conséquent l'impact sur le prix du foncier de ces territoires est si fort à la baisse qu'il crée les conditions du « stockage » des pauvres. Je ne parle pas ici des camps de gens du voyage que l'on voit recycler toutes sortes de produits prélevés dans les déchetteries. Il s'agit d'une population bien trop peu nombreuse pour être significative, même si elle joue un rôle symbolique non négligeable dans l'amalgame entre pauvres et saleté. Je parle plutôt du fait que les pauvres sont logés en périphérie des villes, là où sont entreposés les résidus de nos consommations collectives. C'était déjà le cas de chiffonniers, dont on apprend dans *Homo Detritus*, qu'ils étaient « relégués, sous la pression de la bourgeoisie, à l'extérieur de villes », et précisément, pour la capitale, le long des fortifications. C'est alors que peut jouer à plein l'effet d'analogie entre le fait de vivre à côté ou au milieu des déchets et le fait d'être considéré comme tel. Le même type d'amalgame joue symétriquement en faveur des riches qui bénéficient, même ceux dont l'hygiène est la plus douteuse, de l'image favorable de propreté et de santé que donnent dans un quartier cossu les matériaux nobles et un entretien irréprochable.

Enfin, et ce n'est pas le point le moins important puisque cela rejoint l'analyse que je mène depuis le début de ce livre, les pauvres sont associés aux déchets par leur inutilité sociale apparente, inutilité que je m'applique à démonter et à contredire mais qui n'en reste pas moins une représentation sociale dominante. On ne jette que ce qui ne nous sert plus à rien. Nos poubelles récupèrent tout ce qui est inutile, superflu, aisément remplaçable et éventuellement nuisible. Or, justement, les pauvres ont socialement les mêmes caractéristiques que nos résidus de consommation : ils sont en excès, nous l'avons vu, et ne servent apparemment à rien, ou à si peu, en tout cas à tellement moins de choses que les riches dont la valeur est infiniment plus élevée, comme nous l'avons vu dès le chapitre un.

Vous risquez de m'en vouloir un peu si je vous dis que toute cette analogie dont je viens de détailler avec précision les fondements n'est que l'introduction au point que je veux étudier dans ce chapitre. Je voudrais en effet casser cette idée dominante selon laquelle les pauvres sont de piètres écologistes. Cette idée fausse vient en grande partie de l'amalgame entre les pauvres et les déchets, qui les rendrait responsables de ce qu'ils sont, ou de ce à quoi on les assimile. Les déchets étant le symbole même du gaspillage des ressources, et le symbole absolu de la pollution chez les écologistes bon teint, il y aurait quelque chose d'anti-écologique chez les pauvres à conserver une telle proximité, voire une telle familiarité avec les déchets de notre système productif. Mais l'amalgame plonge aussi ses racines dans certains comportements des pauvres.

Par exemple, ces derniers ne trient pas leurs déchets comme le font les riches. On sait que les communes ou les pays les plus en pointe sur le recyclage sont aussi les plus aisés financièrement, que ce soit en Allemagne ou dans de nombreuses villes moyennes peuplées de bobos écolos, ces riches qui votent à gauche et trient leurs déchets dans l'espoir qu'on leur pardonnera de faire partie de la frange la plus nantie de la population. Et c'est aussi parce que l'écologie est constituée politiquement en un parti de classes moyennes aisées que les pauvres *ne sont pas considérés* comme écologistes. Le fait qu'ils soient si proches des déchets dans l'imaginaire collectif renforce cette idée qu'ils ne se préoccupent pas de ne pas polluer ou de réduire la pollution, eux qui la supportent si facilement sans jamais s'en plaindre.

Chaque pauvre qui laisse traîner derrière lui un emballage ou qui dégrade son environnement naturel en gravant ses initiales dans l'écorce d'un arbre ou en piétinant les parterres de fleurs renforce encore ce cliché dominant. Il est donc largement temps que j'avance mes arguments en faveur de la dimension véritablement écologique des pauvres.

La trace résiduelle des pauvres

L'écologisme des pauvres tient en deux arguments. Un aspect objectif du comportement des pauvres, tout d'abord : ceux-ci ont un faible niveau de vie qui en fait de bien plus petits pollueurs que n'importe quel riche écolo. L'aspect subjectif que nous verrons ensuite est que les pauvres n'ont pas les réflexes prédateurs qui animent les riches et qui menacent depuis longtemps notre environnement, donc notre humanité. Je ne parle pas de la planète, qui n'est convoquée dans les débats écologistes que pour attendrir l'auditoire. Car, en tant que telle, la planète n'a pas de problème particulier : elle « survivra » à toutes les formes de pollution que l'humanité lui imposera, y compris en laissant disparaître l'humanité si elle celle-ci ne se protège pas. La planète n'a pas d'états d'âme, elle se fiche de nos modes de vie et s'accommode aussi bien des inégalités croissantes que de leur disparition.

Il existe trop de façons de mesurer les inégalités de richesses pour que l'on perde du temps ici à les exposer. Quelques suppositions simples me suffiront pour avancer mes arguments. Imaginons, et je suis bien en dessous de la réalité statistique, qu'un riche consomme trois fois plus qu'un pauvre. Quand le second gagne 100, le premier gagne 300. Si le pauvre produit deux fois plus de déchets que le riche (disons 40 % de ce qu'il consomme au lieu de 20 %), il est cependant un moins gros pollueur que son voisin, puisqu'il produit 40 de déchets (40 % de 100) quand le riche en fait 60 ! (20 % de 300). Le constat que je veux faire est simple et déplaira au plus haut point aux écolos-bobos par son évidence et sa robustesse : en consommant beaucoup moins que les autres, un pauvre préserve mécaniquement bien plus son environnement que le milliardaire écologiste le plus convaincu.

Par ailleurs, si l'on considère que la source majeure de destruction de l'environnement de nos jours est la production de CO_2, qui dépend directement des quantités de biens et services consommées, les riches ont un mode de vie absolument antiécologique et à proprement parler « insoutenable », c'est-à-dire impossible à généraliser ou à faire durer dans le temps. Qu'ils aient inventé la notion de développement soutenable, dont le père de la décroissance, Nicolas Georgescu-Roegen disait qu'elle est la notion la plus toxique que l'on ait vue émerger depuis longtemps[16], ne les excuse et ne les affranchit en rien : plus les riches vivent confortablement, plus ils polluent. Seul un riche qui ne voyagerait plus, qui n'aurait qu'une seule résidence proche de son lieu de travail, qui ne renouvellerait plus sa garde-robe, son parc automobile et ses autres biens durables et qui abandonnerait toute installation

[16] Cité par Serge Latouche dans le petit livre *Survivre au développement*, dans lequel il démonte entièrement les fausses promesses de cette notion.

climatisée, piscine ou SPA privés pourrait commencer à s'affirmer un peu écologiste. Mais le fait qu'il éteigne la veilleuse de ses appareils sous tension et qu'il se refuse à cueillir des fleurs sauvages n'en fait qu'une caricature d'écologiste.

Inversement, le pauvre a beau jeter ses ordures sans les trier et faire marcher son poste de télévision en continu toute la journée, sa vie plutôt sédentaire, son utilisation contrainte des transports en commun et sa capacité à consommer des produits bien au-delà de leur date de consommation optimale en font un écologiste très respectable...

En 1972, le Club de Rome préconisait dans l'hilarité générale des milieux économistes que les pays développés fassent une halte dans leur croissance au risque de créer des dégâts irréversibles sur le climat et l'écosystème (ces dégâts ont effectivement eu lieu, nous le savons maintenant, et cela fait rire un peu moins d'économistes qu'avant…). A la même époque, un anthropologue du nom de Marshall Sahlins montrait que les sociétés les plus pauvres sont en fait des sociétés de refus de la consommation (ou de refus de l'économie, plus précisément). Il a étudié ce qu'il nommait le mode de production domestique dont le but est de ne jamais utiliser au maximum les capacités de production existantes. Dans une société non industrialisée, les pauvres vivent dans peu de confort mais en tirent un avantage dont les gens ne profitent plus, sauf quelques ultra-riches dont nous avons déjà parlé : ils ont du temps en trop.

Marshall Sahlins s'appuie précisément sur l'étude des emplois du temps des peuples non développés pour montrer que l'organisation même de ces sociétés repose sur une autolimitation de leurs besoins. C'est elle qui leur permet, sinon de vivre mieux que nous, en tout cas de vivre bien.

On ignore trop qu'Adam Smith lui-même considérait comme une illusion de la nature le fait d'être *« enchanté par la beauté de l'arrangement qui règne dans les palais et l'économie des grands »*. Il ajoutait en parlant des *« babioles d'utilité frivole »* possédées par les riches, que *« si nous considérons la satisfaction réelle que toutes ces choses sont capables de produire, pour elles-mêmes et indépendamment de la beauté de l'arrangement propre à la favoriser, elle nous apparaîtra toujours au plus haut point méprisable et insignifiante »*. Même s'il disait que cette illusion que procurent les richesses est un bienfait, puisqu'elle justifie l'existence de l'industrie et la mobilisation des forces productives, on voit à quel point le père du libéralisme méprisait finalement la richesse matérielle. [D'une manière générale, le père du libéralisme économique n'avait pas une grande admiration pour les commerçants ou pour les hommes d'affaires, comme le prouvent certaines remarques glanées dans sa *Théorie des sentiments moraux*, du type : *« même s'il est très méritant, un parvenu est généralement désagréable »*].

Les pauvres des sociétés modernes, nous l'avons vu au chapitre précédent, ne cherchent pas du tout l'autolimitation des besoins. Ils sont des parvenus en puissance : ils rêvent de consommer abondamment de façon illimitée pour satisfaire des besoins qui le sont tout autant. Sauf qu'ils ne peuvent pas les satisfaire ! Notons qu'un riche ne le peut pas non plus, l'illimité étant par définition sans fin… Mais il peut en satisfaire une très grande partie tout de même, celle qui est matérielle. Du point de vue des besoins immatériels (de reconnaissance, d'affection ou de réponse à des angoisses métaphysiques), les riches et les pauvres sont un peu moins inégaux. Il n'en reste pas moins que la place des pauvres dans le système productif, et leur faible capacité à en tirer des revenus suffisants pose une limite à la satisfaction de leurs besoins.

Or, le fait que les riches, dont les besoins sont aussi illimités que ceux des pauvres aient *la possibilité* de les satisfaire les rend bien plus nuisibles écologiquement parlant que les pauvres, et les rend directement responsables de la dégradation de la planète, comme Hervé Kempf l'affirme et le répète au fil de ses livres.

Or, cette capacité de nuisance doit être associée à l'aspect subjectif que j'annonçais précédemment et qui renforce la dimension anti-écologique des riches. Ceux-ci ont depuis toujours développé un comportement prédateur qui est la base même du problème écologique, en même temps qu'elle est la condition du développement des sociétés, ce qui explique la contradiction entre la notion de développement et celle de durabilité (ou de soutenabilité) que Serge Latouche dénonce dans *« Survivre au développement »*.

En effet, outre le rejet massif de CO_2, le problème de la croissance dite soutenable est qu'elle interdit que les ressources exploitées et le capital détruit soient supérieurs aux richesses nouvellement créées. Or, les riches considèrent que l'argent en quantité suffisante peut permettre de tout s'approprier, puisque tout a un prix : même un paysage, la tranquillité des voisins, notre intégrité morale ou physique peuvent donner lieu à des transactions financières entre adultes consentants. Seuls des esprits romantiques ou naïfs peuvent penser le contraire. Et effectivement, les plus beaux sites, les ressources les plus rares et même le silence de ceux qui voudraient dénoncer leur comportement prédateur, tout cela est confisqué sans une once de culpabilité par ceux qui en ont les moyens, et dont le désir d'enrichissement a en partie été motivé par le désir de pouvoir qui l'accompagne. A quoi bon être riche au-delà du raisonnable si c'est pour conserver un comportement normal et rester soumis aux volontés des autres ?

[Notons en passant que la monnaie est l'outil essentiel qui permet aux riches de s'approprier la richesse des autres, à travers le crédit. La capacité à prêter, comme la capacité à emprunter pour prendre un droit sur des richesses créées dans le futur sont des moyens extrêmement puissants pour dominer le monde, mais aussi pour l'appauvrir. Stiglitz l'explique très clairement : *« La forme de recherche de rente la plus célèbre... »*, écrit-il dans *Le prix de l'inégalité*, *« ...c'est l'exploitation des pauvres et des non-initiés par les financiers : ils ont gagné des sommes fabuleuses en agressant ces catégories par le crédit prédateur et les pratiques abusives autour des cartes de crédit. Chaque pauvre n'a peut-être que peu de choses, mais il y a tant de pauvres que prendre ce peu de chose à chacun d'eux, cela fait beaucoup »*].

C'est à ce comportement prédateur que l'on doit la raréfaction inquiétante de nombreuses ressources naturelles : forêts, poissons, pétrole, mais aussi paysages, biodiversité, qualité de l'air et finalement santé humaine. Car il arrive un moment où la domination des riches sur leur entourage implique que leur enrichissement s'accompagne de pertes irrémédiables. Ce n'est pas seulement la récession qui tue, comme viennent de le montrer un économiste et un médecin[17], c'est la volonté d'une partie de la population de maintenir et d'accroître l'étendue de son pouvoir.

Les pauvres, et ils n'ont aucun mérite dans l'affaire, n'ont pas de tels comportements prédateurs. Tout simplement car ils n'en ont pas les moyens. Un pauvre ne s'accapare rien ou presque. Il ne privatise aucun espace public ou si peu : au pire les cages d'escalier de quelques grands ensembles, certains bars-PMU et quelques terrains vagues que leur abandonnent les citoyens ordinaires.

Par leur comportement les pauvres, à l'inverse des riches, préservent leur environnement car ils ne l'envahissent pas et ne le transforment pas radicalement, contrairement à ce qu'on pourrait croire. Il est étonnant de voir combien la mobilité des pauvres se limite à leurs trajets domicile-travail et à un rayon peu élargi autour de leur domicile. Là où les riches et les classes moyennes rêvent de poser leur empreinte sur un vaste espace public comme un signe de leur puissance, à l'instar des espèces dominantes qui marquent leur territoire, les pauvres restent entre eux en terrain connu et sont exceptionnellement peu nombreux, même quand ils se révoltent, à prendre le risque d'aller jouer chez l'adversaire ou de s'approprier des richesses qui ne leur appartiennent pas. Les butins pour lesquels on met les pauvres en prison sont dérisoires par rapport aux richesses collectives que s'approprient les riches : forêts, objets rares, lieux exceptionnels, etc. Bien sûr, la question de la légitimité de ces « appropriations » est un débat qui dépasse l'objet de ce livre. Mais elle prend une dimension croissante ces dernières années, où l'on voit les ultra-riches s'emparer littéralement des plus beaux logements dans les plus belles villes, des œuvres d'art les plus rares et même des plages les plus admirables des îles grecques mises en vente par un gouvernement prêt à privatiser tout ce qu'il peut pour s'assurer quelques ressources monétaires[18].

---

[17] *Quand l'austérité tue*, par D. Stuckler et Sanjay Basu (Ed. Autrement).

[18] Voir « Les plages grecques d'Elafonissos, petit paradis mis en vente par l'Etat », dans Le Monde du 13 juin 2014.

Les pauvres sont-ils recyclables ?

Par ailleurs, depuis qu'il existe des pauvres, on observe qu'ils ont une capacité étonnante à « nettoyer » les déchets des riches en les recyclant. Eugène Sue, dans *« Les mystères de Paris »*, montrait que dans les tavernes des bas-fonds de la capitale, les pauvres mangeaient les restes des repas des domestiques. L'un de ses personnages principaux, Le Chourineur, un équarrisseur de chevaux, commande à souper un « arlequin » dont Sue donne la composition en note de bas de page : *« Un arlequin est un ramassis de viande, de poisson et de toutes sortes de restes provenant de la desserte de la table des domestiques des grandes maisons »*. L'écrivain se sent tenu d'ajouter : *« Nous sommes honteux de ces détails, mais ils concourent à l'ensemble de ces menus »*. Seuls ceux qui veulent ignorer que les pauvres se nourrissent des restes des riches peuvent être choqués par le fait que les indigents mangent les ordures des riches. Pourtant c'est une pratique courante. Malgré le dégoût affiché de l'auteur pour un tel « plat », son personnage semble le *« trouver parfaitement de son goût »*, dans la mesure où, dit-il, *« il y a en a pour tous les goûts (...) Des pilons de volaille, des queues de poisson, des os de côtelette, des croûtes de pâté, de la friture, du fromage, des légumes, des têtes de bécasses, du biscuit et de la salade »*. La mère Ponisse, qui tient la taverne en question, est également loueuse de vêtements abandonnés par les riches aux pauvres. On voit que les chiffonniers d'Emmaüs n'ont pas inventé grand-chose…

Finalement, le recyclage des déchets des riches n'est en réalité que le recyclage d'une vieille idée libérale rencontrée dans notre premier chapitre : c'est la mise en pratique de l'effet de ruissellement. L'utilité sociale des riches se justifie depuis les premiers économistes classiques par ce *trickle-down effect* qui assure que la richesse des riches étant supérieure à leur capacité à la consommer, il devrait forcément en retomber une quantité superfétatoire sur leur entourage le plus nécessiteux. N'est-ce pas exactement ce qui se passe lorsque nous offrons généreusement nos « déchets » à nos contemporains dans le besoin ?

Car ce sont bien eux qui consomment les déchets offerts au recyclage avec tant de bonne conscience écologiste par les riches et les classes moyennes. Et pas seulement les habits un peu usagés ou les vieux appareils ménagers. Savez-vous ce que deviennent les bouteilles en plastique accumulées dans nos poubelles de couleur ? Elles deviennent des matières premières « secondaires », cet oxymore désignant le fait que c'est la deuxième fois de leur vie que ces matériaux sont transformés en biens de consommation courante. Et quels biens ? Des objets en plastique, bien sûr mais aussi des vêtements en matières synthétiques dont le coût est particulièrement faible : en effet, les ordures fournies quasi-gratuitement par les consommateurs-trieurs sont bien meilleur marché que des matières premières « neuves », si vous me suivez bien…

Tous ces biens issus du recyclage ne sont que des déchets qui trouvent une « nouvelle vie » : goûtez toute la subtilité de cet argument de vente inventé par les adeptes de la croissance durable, qui s'appliquent à mettre de la vie là où il n'y en a pas du tout, pour se consoler sans doute de la détruire là où elle fait obstacle à leur enrichissement. Et ces déchets-neufs sont revendus aux consommateurs les plus dociles : les pauvres, en l'occurrence. Les riches, il faut le rappeler, continuent de s'approprier les produits fabriqués à base de matériaux rares, peaux et ivoire d'animaux, soies, pierres et minéraux divers, bois exotiques et surtout pas plastiques et résidus de pétrole dont les classes supérieures sont informées qu'ils constituent en grande partie notre « poison quotidien », selon le titre d'une étude publiée en 2011. Marie-Monique Robin y fait le tour des études démontrant la responsabilité de l'industrie chimique dans l'épidémie des maladies chroniques. Car les maladies de pauvres ne sont plus des maladies infectieuses comme le furent la tuberculose ou le choléra. De nos jours, ce sont des maladies qui viennent de la consommation directe ou indirecte de produits nocifs (particules d'aluminium, œstrogènes, etc.) ou d'un déséquilibre dans la consommation alimentaire individuelle (excès de sucre, de graisse, de sel, etc.). Au XX° siècle, dans le monde, on estime que près de 1,7 milliard d'êtres humains sont morts de maladies infectieuses. Un chiffre bien en dessous de celui des morts par maladie non infectieuse (2 milliards), auxquels s'ajoutent les morts par cancer (530 millions), des conséquences du tabac et de la drogue (200 millions) et bien sûr des guerres (200 millions)[19]. On meurt plus de maladies non transmissibles désormais que des bonnes vieilles épidémies transmises par les miséreux.

Mais les régimes alimentaires permettant de prolonger son espérance de vie intéressent peu les pauvres, qui veulent d'abord profiter comme on l'a vu des bienfaits mêmes minimes ou dangereux du jour présent. Pas plus que ne les inquiètent les perturbateurs endocriniens dont ils ignorent jusqu'à l'existence alors qu'ils en consomment des particules en quantité extravagante, autant comme travailleurs mis au contact de ces produits dangereux pour la santé humaine, qu'en tant que consommateurs insouciants et soumis aux volontés de la grande industrie (et parfois même de celle des petits artisans, contraints malgré eux d'intégrer à leur production des matières premières plus dangereuses que ce qu'ils pensent – farines transformées, alimentation « dopées » pour animaux, colles et peintures à émanations dangereuses, etc.). Finalement, on a bien tort de supposer que les pauvres dégradent leur environnement, car en vérité c'est l'inverse…

Les pauvres finiront peut-être même, si le système va au bout de sa propre logique, par se consommer eux-mêmes, à défaut d'être consommés par les riches. Cette dernière hypothèse a été émise par l'écrivain irlandais Jonathan Swift dans un texte à l'ironie mordante publié en 1729. Dans sa *Modeste proposition sur les enfants pauvres d'Irlande*, il suggère que les riches mangent les enfants pauvres. Pas tous, certes (« on en garderait vingt mille pour la reproduction – ce qui est plus que nous n'en accordons aux moutons, aux bovins et aux porcs…»). Cela aurait de nombreux avantages que Swift énumère avec le plus grand sérieux apparent : un avantage économique, par les gains réalisés sur « le coût de l'entretien de cent mille enfants de deux ans et plus », qui ferait économiser « cinquante mille livres par année, sans compter les bénéfices d'un nouvel aliment introduit à la table de tous les riches gentilshommes qui jouissent d'un goût un tant soit peu

[19] Source : *Courrier International*, 12 décembre 2012.

raffiné… ». Swift, qui avait parfaitement compris à quel point les riches se nourrissent déjà financièrement du travail des pauvres, ajoutait que cette nouvelle nourriture conviendrait « parfaitement aux propriétaires terriens qui, ayant déjà sucé la moelle des pères, semblent les mieux qualifiés pour manger la chair des enfants ». Pour tous les autres avantages, y compris en ce qui concerne l'amélioration de la moralité des pauvres eux-mêmes, je renvoie mon lecteur à la lecture de ce petit texte admirable et cruel[20].

Mais notre système actuel va plus loin encore que l'imagination de Swift, car réservant la consommation des *déchets physiques* à ces *déchets sociaux* que sont les pauvres, il pourrait aboutir logiquement à une organisation économique dans laquelle les pauvres se consomment eux-mêmes. C'est ce qui a été imaginé par l'écrivain David Mitchell, dans un roman adapté au cinéma par les réalisateurs-trices de *Matrix*. Dans *Cloud Atlas* on est plongé dans un futur indéterminé où des serveuses de fast-food sont produites par clonage et nourries par une matière chimique sans odeur ni saveur. Après 12 ans de service où leur jeunesse clonée a permis d'assouvir les désirs et les besoins des clients « gourmands », elles pensent connaître une promotion au moment même où elles sont éliminées physiquement et transformées à leur tour en alimentation pour les futures serveuses. L'idéal de notre système productif est que rien ne se perde et que tout se transforme, selon un principe de Lavoisier qui n'aurait rien de naturel et ne reposerait que sur une logique financière : car seul le fait de *ne rien perdre* permet de maximiser absolument ses gains. On l'a vu quand il s'est agi de vendre ou de jeter des farines animales ou des graisses dangereuses : l'option qui est perdante financièrement, et qui est souvent la plus raisonnable, ne l'emporte jamais sur toutes les autres, quelle que soit leur dangerosité et leur impact sur la vie humaine.

C'est à cela que les pauvres sont véritablement utiles : pour permettre que le système boucle sa boucle. Ils servent à maintenir une armée de consommateurs capables de pratiquer

---

[20] Publié par les Liens qui Libèrent, en accompagnement du texte de Galbraith sur *L'Art d'ignorer les pauvres*, op. cit. p.43.

une frugalité forcée tout en absorbant les déchets abandonnés par les riches. Les pauvres font de la décroissance comme Monsieur Jourdain faisait de la prose, sans le savoir ni s'en vanter. Une telle attitude, salvatrice tant qu'elle durera, mérite que l'on pointe une qualité supplémentaire des pauvres : celle de contribuer faiblement à la dégradation de l'environnement, tout en montrant aux riches que si l'on vit moins bien en polluant moins, on peut vivre quand même ! Si la crise économique et environnementale devait encore s'aggraver, la perspective de parvenir tout de même à vivre coûte que coûte nous la rendra plus supportable. Grâces en soient rendues aux pauvres, qui nous préparent à cette idée et nous montrent la voie à suivre ! *[Le ton évangélique de cette dernière exclamation n'est pas fortuit. Car, arrivé à ce point de notre raisonnement, le lecteur pourra constater que nos arguments vont passer progressivement d'une dimension critique en termes d'économie politique à une dimension morale qui a aussi (mais pas seulement) à voir avec les valeurs religieuses.]*

Finalement, et même si ce prochain argument sera dur à faire passer auprès de certaines classes moyennes convaincues que les pauvres parasitent le système social à leurs dépens, les pauvres sont plutôt de bons citoyens en général…

Merci les pauvres, mais merci aussi…

Hervé Kempf, pour *Comment les riches détruisent la planète* (Points Essai, 2014)

Thomas-Robert Malthus, pour *Essai sur le principe de population* (version numérique : http://classiques.uqac.ca/)

Baptiste Monsaingeon, pour *Homo Detritus*, (Coll. Anthropocène, Seuil, 2015)

Serge Paugam (et alii), pour *Ce que les riches pensent des pauvres* (Seuil, 2017)

Marie-Monique Robin, pour *Notre poison quotidien* (Arte Editions, 2013)

Marshall Sahlins, pour *Age de pierre, âge d'abondance* (Folio, 2017)

Eugène Sue, pour *Les mystères de Paris* (Gallimard, 2009)

Docteur Villermé, pour *Tableau physique et moral des ouvriers…* (version numérique: http://classiques.uqac.ca/)

Andy et Laura Wachowsky, pour *Cloud Atlas*, adaptation cinématographique du roman de **David Mitchell** : *Cartographie des nuages*, L'Olivier, 2007 (Traduction Manuel Berri).

Chapitre Cinq

Les pauvres sont de bons citoyens

- Il me plaît d'être battue.
–D'accord.
– Ce n'est pas à vos dépens.
– Il est vrai.
–Et vous êtes un sot, de venir vous fourrer où vous n'avez que faire[21]

Jusqu'à présent nous avons vu que la présence des pauvres en grand nombre permet à la société de mener à bien ses projets économiques de production et de consommation. Plus encore, ce sont eux qui assurent la durabilité de ce système bien mieux que ne peuvent le faire les riches. Voilà d'importantes qualités qui méritaient d'être soulignées et pour lesquelles il ne serait pas indécent de remercier les pauvres d'être ce qu'ils sont. Mais si l'on en restait là, l'utilité des pauvres se confondrait avec celle des bons outils qu'utilise un artisan : ce serait une simple utilité fonctionnelle, ou utilitariste, ce qui n'étonnera pas ceux qui savent que les économistes ne s'intéressent qu'à ce qui est efficace. Il n'est pas étonnant que les économistes soient les premiers à trouver une utilité aux pauvres, même s'ils n'osent pas toujours le formuler explicitement. Car la logique du comportement économique est de faire feu de tout bois et c'est sans doute là une qualité essentielle du système capitaliste : il profite de tout, y compris, comme nous l'avons vu, de ses propres rebuts.

Il fait de même avec la contestation anticapitaliste. Dans la mesure où elle a de l'audience et permet de vendre quelque chose aux détracteurs du marché, il peut être profitable de financer ceux qui la portent. C'est en tout cas ce qu'affirme Michael Moore, l'activiste américain, qui s'étonne d'avoir pu aussi facilement financer et distribuer des documentaires contestataires comme *The Big One*, dans lequel c'est le géant américain et ses grandes entreprises qui étaient pris pour cibles. « The Big One » est le nom de baptême que Michael Moore

---

[21] *Le médecin malgré lui.* Molière. 1667.

propose ironiquement pour dénommer le seul pays au monde qui n'a pas de nom propre : les Etats-Unis d'Amérique ne sont pas l'Amérique, mais ils ne sont pas un autre pays non plus. La première puissance mondiale n'a pas d'identité... Ce n'est qu'une des nombreuses faiblesses des USA que Michael Moore pointe dans ses documentaires, avec le poids terrifiant des armes à feu dans la culture étatsunienne (*Bowling for Columbine*) ou l'indigence de leur système de santé publique (*SiCKO*). Et pourtant, l'agitateur trouve toujours des financements pour ses films. *« Ils nous vendront la corde avec laquelle on les pendra »* affirme en riant le gros Michael pour expliquer la voracité des producteurs états-uniens. Entre l'efficacité, purement économique, et l'*équité* (qui est la façon savante de désigner la justice sociale), les économistes ont choisi depuis longtemps : seule prime l'efficacité. Pour l'équité on verra plus tard... Et même l'efficacité est-elle considérée de manière strictement individualiste, car elle se résume à défendre systématiquement toute action qui rapporte quelque chose *à quelqu'un*, sans trop se soucier de ce que ça peut - ou pourra - coûter un jour à tous les autres...

Mais il n'est plus temps de faire le procès de l'économie capitaliste, en tout cas sous sa forme de simple système productif. Car ce n'est qu'en montrant combien cette organisation plonge ses racines dans les valeurs sociales et psychologiques les plus profondes que l'on prendra vraiment la mesure des services que les pauvres rendent depuis longtemps à notre société.

Je suis un pauvre, voilà ma gloire...

Avant de m'attarder sur les dimensions psychologiques de l'utilité des pauvres, il me faut faire un point sur la reconnaissance juridique de ces derniers par notre société. Car il existe bien, aussi surprenant que cela puisse paraître, un droit à la pauvreté. C'est même devenu au fil des générations un quasi-droit de l'homme. Et ce qui fut au départ un progrès évident est devenu au fil du temps un piège vicieux dont je voudrais vous faire prendre la mesure.

Robert Castel a décrit avec talent l'épopée du salariat et la façon dont notre société a réussi, pendant une période donnée, à protéger ses travailleurs les plus exposés aux dangers du travail et aux risques collatéraux de pauvreté qu'il peut engendrer directement (par de faibles salaires) ou indirectement (par des accidents, une faible retraite ou un licenciement). Cet ensemble de questions est désigné en sociologie par l'expression, trop vague selon moi, de « question sociale ». En retraçant l'évolution qui va des travailleurs journaliers du Moyen-âge sans maître ni emploi fixe aux ouvriers de l'ère industrielle dotés de contrats stables auxquels sont attachées des protections garanties par l'Etat, Castel a montré que la question sociale s'est peu à peu métamorphosée, les ouvriers obtenant des droits sociaux et une forme de sécurité sociale (dont l'institution que l'on nomme « Sécurité Sociale » n'est qu'une des composantes). Cette sécurité est cependant payée par une perte relative de liberté puisque le contrat de travail les place sous la dépendance et la subordination de leur employeur.

Le but de Castel n'était pas de s'attarder sur l'échange que les salariés ont fait d'un peu de liberté contre plus de sécurité mais de montrer que cette sécurité sociale instaurée à grand-peine sur plusieurs siècles est en train de se déliter sous la pression de la flexibilité salariale développée par les entreprises depuis les années 80. La montée de l'individualisation des carrières et des situations s'est alors faite au prix d'une perte de protection et des garanties, ce qui génère depuis 30 ans une forte « insécurité sociale », pour reprendre le titre d'un livre que Castel publia en 2003. Cependant, d'un point de vue libéral, l'essentiel (à savoir la liberté) est sauf sous réserve que le travailleur puisse toujours choisir de travailler - ou de ne pas travailler s'il veut s'installer dans la pauvreté. L'attaque essentielle des libéraux contre les socialistes se fait toujours au nom de la liberté, les premiers reprochant aux seconds d'empêcher les pauvres de faire le choix assumé de la pauvreté et de ses conséquences, à défaut d'obtenir une relative aisance matérielle par un dur labeur. Et s'il leur plaît, à eux, d'être pauvres, tant que ce n'est qu'à leurs propres dépens ? On dirait du Molière, l'ironie en moins…

Dans son étude de « la nouvelle question sociale », publiée la même année que le livre de Robert Castel, Pierre Rosanvallon, qui réfléchit depuis longtemps à une redéfinition du rôle de l'Etat dans notre société, a montré que le droit de mendier est une conquête de la démocratie moderne. Obsédés par leur volonté de mettre les pauvres au travail, les libéraux leur ont pendant longtemps interdit de vivre de l'aumône et de la charité, privée comme publique. Or, ils ont fini par comprendre qu'un système libéral qui refuse toute obligation pour la collectivité d'organiser les aides aux pauvres doit nécessairement leur accorder le droit à la charité privée, qui passe par le droit de mendier, un droit qui n'a été inscrit dans la loi française qu'en… 1994, même si une tolérance était accordée depuis très longtemps déjà. Ce droit a donc deux avantages : tout d'abord, il dispense en partie la société d'exercer une charité publique financée par les prélèvements fiscaux, puisque c'est la charité privée, celle qui repose sur la générosité individuelle, qui prend en charge la réponse à la question sociale. Nous reviendrons plus tard sur les conséquences psychologiques d'une telle façon d'organiser l'aide financière aux pauvres. Mais il faut relever, comme le fait Pierre Rosanvallon, que dans le système de charité privée le pauvre est forcément rendu responsable de sa situation et que l'on parvient ainsi à transformer la pauvreté, risque avant tout social, en un risque individuel. Que ce soit la perte de son travail, la maladie ou la rupture conjugale, les citoyens sont désormais prévenus : la situation d'individu émancipé implique que chacun assume les conséquences de ses choix de vie.

Ainsi, chaque fois que les pauvres revendiquent pour obtenir une extension de tous leurs droits[22], ils valident le système libéral et ses valeurs, qui les rend responsables de leurs propres difficultés. Voilà pourquoi je disais qu'un droit de l'homme aussi incontestable que celui de pouvoir quémander de l'aide à son prochain est un piège tout à fait redoutable. Alors que ce droit n'est même pas une lubie de la postmodernité galopante : ses fondements se trouvaient déjà au cœur des grandes religions qui font toutes de la charité un commandement majeur. Mais le glissement progressif qui nous a fait passer d'un *devoir du*

---

[22] On qu'on la revendique pour eux, car nous verrons qu'ils se tiennent loin de l'action politique.

donneur d'aider son prochain à un *droit du receveur* d'être assisté par les autres a eu des conséquences sociales majeures.

Au passage, il faut bien souligner que l'humanisme n'est pas une valeur politiquement partisane, dont un camp idéologique aurait le monopole. Tous les grands courants idéologiques modernes sont humanistes, finalement, mais de façon bien nuancée : l'humanisme de gauche passe par la prise en charge collective de l'aide aux pauvres alors que l'humanisme de droite passe par l'aide individuelle, volontaire et désintéressée de tous auprès de ceux qui en ont besoin. Ces deux humanismes-là ont besoin l'un comme l'autre que les pauvres aient un droit à l'aide sociale ou à l'aumône individuelle.

Si l'on peut affirmer que les pauvres sont de bons citoyens, c'est donc par leur souci de valider ce modèle de droits et de devoirs qui définit la citoyenneté dans les démocraties libérales. Et d'accepter de prendre le risque que l'autonomie qu'ils revendiquent comme citoyens soit utilisée comme prétexte pour leur refuser une aide en tant que pauvres.

Dominique Schnapper a étudié longuement et sous toutes ses dimensions l'idée de citoyenneté. Elle rappelle dans *Qu'est-ce que la citoyenneté ?* que c'est d'abord une notion juridique qui implique l'attribution de droits civils et politiques aux individus. Parmi ces nombreux droits, elle cite d'abord les droits civils essentiels comme *« la liberté de conscience et d'expression, la liberté d'aller et de venir et de se marier »*. C'est parmi ces droits-là que se cachent sans le dire le droit d'être pauvre et celui de mendier, qui sont en fait des droits d'agir comme bon nous semble, tant que l'on n'empiète pas sur la liberté d'autrui, selon la fameuse définition dite « négative » de la liberté qui s'arrête là où commence celle des autres. Or, non seulement le pauvre n'empêche personne de s'enrichir, mais nous avons vu qu'il permet même largement la prospérité de certains. La liberté d'être pauvre est donc une condition essentielle de la liberté de s'enrichir des riches.

L'étude de Tocqueville sur les pauvres, dont je parlais en introduction, est bien moins stimulante intellectuellement que ne le sont encore de nos jours ses deux volumes sur *« La démocratie en Amérique »*, publiés en 1835 et 1840. Analysant la jeune société américaine, la plus grande des jeunes démocraties du XIX° siècle, il mit en évidence un certain nombre de contradictions internes à cette nouvelle forme de société politique. Et notamment le paradoxe entre la recherche croissante et simultanée de liberté et d'égalité. Il pensait que les individus seraient prêts à renoncer à une grande part de liberté pour obtenir plus d'égalité. Rappelons qu'en écrivant au début du XIX° siècle, il voyait bien combien le chemin vers l'égalité risquait d'être long, les écarts sociaux étant à l'époque bien supérieurs à ce qu'ils sont de nos jours, quoi qu'en pensent ceux qui s'offusquent, à raison, de la remontée réelle des inégalités depuis trente ans. Or, l'Histoire a longtemps validé les intuitions de Tocqueville : il a bien fallu, pour rapprocher le niveau de vie des classes populaires de celui des classes supérieures, attenter à la liberté des riches de faire n'importe quoi dans le domaine de l'embauche. Il a fallu développer un droit du travail essentiellement contraignant (mais aussi avantageux) pour les employeurs. Et pour financer le système de protection sociale, il a fallu imposer fiscalement les employeurs et l'ensemble des citoyens à des taux sans cesse plus élevés, ce qui constitue indéniablement une atteinte à la liberté d'user à sa guise de sa richesse personnelle. Oui, décidément, la marche vers l'égalité avait un prix qui fut payé par la perte d'un certain nombre de libertés.

Mais la remise en cause du système de protection sociale décrite par Castel dans son livre correspond à une récente période où l'on peut dire que les sociétés postmodernes ont décidé au contraire de privilégier la liberté au détriment de l'égalité, contredisant ainsi (et trop tardivement pour qu'on puisse lui reprocher de ne l'avoir pas prédit) les intuitions de Tocqueville.

Il est incontestable depuis trente ans que la liberté est le principe majeur qui guide les individus et les élites sociales. Les citoyens sont désormais prêts à tout pour élargir le champ de leurs libertés, y compris quand cet élargissement va ostensiblement contre leur propre intérêt. C'est le cas, par exemple, de la liberté de modifier chirurgicalement son apparence physique : des tatouages et piercings aux implants esthétiques divers et jusqu'aux greffes d'attributs sexuels différents, tout semble pouvoir être revendiqué par les citoyens, même ce qui atteint à leur intégrité physique.

« Et s'il leur plaît, à eux, de s'abîmer ainsi ? », reprendraient en chœur les défenseurs de la liberté. Oui, finalement, « C'est leur choix », comme on le disait dans une émission télévisée à succès. C'est leur liberté, en fait, et c'est donc intouchable, inattaquable.

On voit ainsi se développer une forme croissante de liberté positive (c'est-à-dire qui ne dépend *que* du choix de l'individu et ne concerne en apparence que lui-même, ses actes étant supposés n'empiéter en aucune façon sur la liberté d'action de son entourage). Or, cette liberté, ou cet ensemble de libertés qui peut prendre de très nombreuses formes, est exactement de même nature que celle que nous avons étudiée à propos des consommateurs qui croient choisir les produits qui leur plaisent. Penser que l'on n'est pas « déterminé », c'est-à-dire poussé, en quelque sorte, par les autres, par sa propre histoire ou par ses affects vers un type de direction donné, et que l'on serait libre d'aller toujours dans le sens de ce qui nous fait progresser est une utopie sur laquelle il nous faudra revenir dans les chapitres suivants. Ce qui m'importe pour l'instant est de montrer que les pauvres, en validant l'un des droits les plus dégradants socialement (celui d'être pauvre, car on a vu que personne n'accorde véritablement d'estime aux pauvres et à la pauvreté) ouvrent la porte à toutes les libertés et à tous les droits possibles. Ils font donc ce que l'on attend de bons citoyens : demander à ce que leurs droits soient gravés dans le marbre de nos institutions sociales, c'est-à-dire dans la Loi et le Droit, et que le champ de ces droits s'accroisse sans cesse.

Droits des pauvres, ou pauvreté du droit ?

Mais il faut aller plus loin encore. Car la citoyenneté, comme le rappelle Dominique Schnapper, ne se résume pas aux droits civils. Elle englobe également le droit pénal (lié aux infractions et aux crimes) et les droits politiques.

Du côté du droit pénal, les pauvres ont aussi une utilité sociale majeure : celle de servir d'exemple à l'ensemble de la population. De même qu'un bon bouc émissaire qu'on humilie est utile au chef autoritaire pour mettre en garde ceux qui envisageraient de s'opposer à lui, les pauvres sont les premiers à subir les contraintes du pouvoir judiciaire et donc à justifier l'idée très « citoyenne » selon laquelle les droits qu'on leur donne justifient les devoirs que l'on attend d'eux. Les pauvres ont donc le droit de manger à leur faim à condition de respecter le devoir de ne pas voler leur nourriture. Et si cette obligation est respectée, ils obtiendront même le droit de NE PAS manger à leur faim, s'il leur plaît ! De même, le droit de dormir dehors est la contrepartie du devoir de ne pas squatter des habitations privées. Le droit de ne pas payer des impôts sur le revenu devrait aussi s'accompagner du devoir de ne pas demander d'aide sociale. Les pauvres, au final, ont le droit (et l'obligation) *de ne pas demander* ce que la société n'a pas envie de leur donner.

Pourtant, Dominique Schnapper souligne un point important : le fait de pouvoir être un citoyen responsable de tous ses actes implique, au-delà de l'obtention de simples droits, c'est-à-dire de façon théorique et presque philosophique, que l'on puisse *« cesser d'être déterminé par son appartenance à un groupe réel »,* et donc de ne plus être soumis à *« une culture et à un destin imposés par sa naissance ».* Or, les pauvres, et on comprendra peu à peu que c'est sans doute ce qui les définit le mieux, sont précisément ceux qui n'ont pas le choix. N'ayant pas de choix, ils ne peuvent pas profiter de ces libertés qu'on leur offre.

Cette réflexion sur la liberté comme possibilité de choisir sa vie a été longuement menée par Amartya Sen. A l'origine économiste de l'école du « bien-être », il s'est consacré finalement à l'étude philosophique de la justice sociale. Il nomme « capabilités » les possibilités de réaliser la vie que l'on souhaite, et il en fait le fondement de la véritable liberté individuelle. Certes, dit-il, l'argent ne suffit pas à augmenter automatiquement les capabilités, mais il y contribue grandement. Un milliardaire handicapé ne vit peut-être pas mieux qu'un jeune des cités en galère, comme le montrait le film *Intouchables*, mais il vit bien mieux qu'une personne handicapée démunie financièrement…

C'est ce que Dominique Schnapper, qui n'est pourtant pas marxiste, affirme clairement : *« Tous les démocrates aujourd'hui admettent qu'il ne faut pas céder à la bonne conscience des privilégiés qui peuvent d'autant mieux jouir des libertés formelles que leurs conditions de vie sont confortables »*. Et elle ajoute : *« Aucun [de ces démocrates] ne nie que les droits universels risquent toujours de profiter surtout à quelques-uns »*. A qui sert en effet l'extension des droits et des libertés, si ce n'est à ceux qui peuvent le mieux s'en servir ?

Or les pauvres vivent un paradoxe fondamental : ils sont ceux qui peuvent le moins user de leurs libertés mais qui pourtant en subissent le plus le revers répressif. Leur utilité fondamentale est de valider quotidiennement le système des droits et des devoirs en subissant toute la répression policière et judiciaire qui vise à les remettre dans le chemin de la bonne citoyenneté. C'est pour cela que les seuls délinquants irrécupérables sont ceux qui ne savent même plus distinguer (ou faire semblant de distinguer) entre le bien et le mal, distinction qui correspond précisément à la différence entre ce que je peux faire sans embêter personne (y compris demander la charité, m'alcooliser, déprimer, ou m'exclure de la vie sociale) et ce qui porte atteinte au désir des autres de vivre confortablement. Dans la grande division sociale du travail, les riches et les pauvres se partagent les droits et les devoirs : les droits profitent aux riches, les devoirs s'imposent aux pauvres...

Dans la mesure où les pauvres sont loin de pouvoir vivre leur vie rêvée (ou plus précisément la vie que la société leur propose en modèle, alors que ce standard de confort matériel est hors de leur portée) ils sont toujours les premiers à être soupçonnés d'enfreindre les règles de la vie collective. J'ai été marqué il y a bien longtemps par une anecdote presque anodine : alors que j'avais laissé traîner du matériel de travail tout neuf au beau milieu de la salle des professeurs du lycée où je travaillais, les fournitures en question disparurent totalement en quelques jours. Comme je faisais largement part de ma mésaventure à de nombreux collègues, leur réaction la plus fréquente fut de constater que « malheureusement », la salle des professeurs est en accès libre aux agents de service, personnels de cantine et autres femmes de ménage ! Il était donc évident aux yeux de certains collègues que ce butin devait plus faire envie à des personnes aux revenus modestes qu'à des enseignants (qui pourtant en auraient trouvé plus facilement l'usage dans leur vie professionnelle). Rien n'a changé depuis le *Loup et l'Agneau* de Jean de la Fontaine et la présomption de culpabilité, reconnaissons-le, tombe toujours sur les plus faibles. *« Si ce n'est toi, c'est donc ton frère ».* Ton pauvre frère qui a toutes les raisons de voler puisqu'il est pauvre !

Si l'on ne prête qu'aux riches, il faut reconnaître qu'on ne présume toujours coupables que les pauvres. La position inverse, celle qui présume que les riches sont tous des voleurs qui tapent dans la caisse et s'accordent tous les droits, est toujours qualifiée de démagogique, ce qui signifie littéralement qu'elle est *« faite pour plaire au peuple »,* ce qui est en effet la stricte vérité. Mais elle n'est ni moins vraie ni moins fausse que celle qui affirme que l'habit (de pauvre) fait le moine (délinquant).

Le fait que les prisons soient plus remplies de pauvres que de riches, réalité qu'aiment à rappeler les libéraux en précisant également que parmi ces pauvres se trouvent plus d'immigrés que de français de souche, ne peut s'expliquer que de deux façons. Soit cela est dû au fait que les pauvres sont portés sur le vice et la malhonnêteté, parce que c'est dans leur culture ou dans leur nature. Auquel cas, cette affirmation devrait aboutir à *l'interdiction légale* d'être pauvre. La pauvreté serait alors un motif justifiant l'emprisonnement. Elle l'a d'ailleurs été, aux premières heures du capitalisme. Mais l'explication de la pauvreté par le vice est trop souvent portée par des libéraux pour qu'on puisse envisager une telle atteinte aux droits de l'homme, l'incarcération non pas pour des actes mais en raison du profil social de certains individus – car cela impliquerait de perdre des gens bien trop précieux pour le système, en dépit des quelques désagréments qu'ils font subir au corps social.

Soit alors on considère, avec les démocrates évoqués par Dominique Schnapper, que les pauvres n'ont pas les moyens de jouir de leurs droits et que par conséquent ils sont presque contraints, forcés, d'enfreindre les règles sociales de base pour tenter de changer leurs conditions de vie à tout prix et par des moyens qui leur font prendre des risques pour leur propre sécurité. Mais il y a une forme de bonne conscience à penser cela. Je ne parle pas de la bonne conscience évoquée par Dominique Schnapper et qui consiste pour les privilégiés à donner fondamentalement toutes les libertés possibles aux pauvres (en ne manquant surtout pas d'y associer tous les devoirs et un système de sanction efficace) pour pouvoir en jouir eux-mêmes bien mieux que ne peuvent le faire les pauvres. Je parle de la bonne conscience qui consiste à traiter les pauvres de façon compatissante en affirmant que les pauvres (au sens de « malheureux ») sont des sous-citoyens à qui on ne laisse pas les moyens de profiter de leurs libertés. Car les pauvres ne le vivent pas comme ça. Ils sont très heureux des droits qu'on leur donne et considèrent même, à juste titre, que c'est sans doute ce qu'ils ont le plus en partage avec les autres citoyens : la possibilité de penser et d'agir comme ils l'entendent, même s'ils sont assez intelligents pour comprendre que les contraintes qui limitent leurs actions sont plus nombreuses qu'elles le sont pour les riches.

Les pauvres aiment leur liberté, voilà le point sur lequel je veux insister. Aucun n'échangerait sa position contre celle d'un esclave très bien traité. Une fois de plus, je veux éviter de prendre une position fermée comme celle selon laquelle les pauvres ne sont que les simples victimes de la bonne conscience des riches qui organisent leurs vies. La société tient telle qu'elle est tant que tout le monde valide plus ou moins l'organisation globale de nos vies. La Boétie, le fameux ami de Montaigne, avait écrit un court *Traité de la servitude volontaire* qu'il est toujours stimulant de lire. Partant de l'idée que ce sont les esclaves qui font les tyrans, il en déduit que le pouvoir est moins un attribut (et une responsabilité) individuel, qu'un accord social implicite entre les victimes et leurs bourreaux.

Or il est incontestable que les pauvres veulent rester libres d'être pauvres, car ils veulent rester libres tout court, ou précisément car ils veulent continuer de croire qu'ils peuvent l'être. C'est pour cette raison que les enfants de pauvres se sont emparés du droit aux « droits et devoirs » et lui ont même donné un nom, brandi comme un étendard : le respect. Ce n'est rien d'autre que la formulation postmoderne de la liberté négative : *« Bernard Frédéric ne t'empêche pas de faire ton métier d'imposteur, tu n'empêches pas Bernard Frédéric d'exercer sa profession »,* envoie sans rire le héros déjanté du film *Podium*[23], interprété par Benoit Poolevorde, au médecin qui envisageait de le soigner de son obsession. Ce sosie de Claude François, en rupture conjugale et professionnelle, affirme ainsi que sa dernière liberté est d'aller au bout de son naufrage. Pour le dire autrement : *« Laisse-moi être ce que je veux – ou même juste ce que je peux - et je te laisserais être ce que tu veux ».* Les enfants de pauvres sont d'une tolérance infinie quand on parle avec eux, y compris (mais pas seulement) envers toutes les formes de déviance assumées. Si quelqu'un choisit d'agir dans un sens dangereux pour lui-même, ou non conforme aux normes en vigueur, il reste respectable à leurs yeux dans la mesure où il assume les conséquences de ses actes. Il s'agit d'une position qui colle parfaitement à la vision citoyenne de nos démocraties, à laquelle on doit ajouter un soupçon d'efficacité économique dans la mesure où c'est le fait de savoir adapter ses moyens aux objectifs qu'on se choisit qui attire le respect des enfants de pauvres : tout individu qui agira à la limite de la légalité pour se réaliser (et notamment pour s'enrichir, mais pas seulement) est digne de reconnaissance et de respect. Car les enfants de pauvres sont convaincus que la sortie de leur condition passe par l'exercice de leurs libertés. C'est de cette façon que la société américaine peut tolérer un taux de pauvreté supérieur au nôtre et c'est aussi ainsi que l'on arrive peu à peu à augmenter la part des pauvres dans notre société.

Les pauvres ne votent jamais mal : ils ne votent pas du tout

Mais il existe une troisième dimension de la citoyenneté que nous rappelle Dominique Schnapper : c'est la dimension politique. Un pauvre et un riche détiennent constitutionnellement une participation égale à l'exercice du pouvoir, qui s'exprime par le poids égal de leurs deux bulletins de vote. Evidemment, là aussi, la liberté formelle (celle des droits) n'est pas la liberté réelle, celle que l'on observe en étudiant le profil de ceux qui finissent par accéder ou par influencer les instances du pouvoir. Car si l'on s'attarde sur l'idée de citoyenneté, l'une

---

[23] Un film de Yann Moix, sorti en 2003 (DVD chez Pathé)

de ses dimensions essentielles est de permettre à chacun de participer au bon fonctionnement de la vie collective. Le philosophe John Rawls, dont l'ouvrage *Théorie de la Justice* fait référence (et débat) depuis sa première édition en 1971, affirme dans une logique kantienne qu'il n'est pas possible en démocratie de ne pas obéir à une loi injuste. Il est certes possible ou nécessaire de la critiquer mais pas de l'enfreindre. Car cette infraction fragiliserait immédiatement l'ensemble de l'édifice juridique qui fait tenir la société. En effet, toutes les lois, dans une société où existe la liberté de conscience, peuvent être considérées comme injustes d'une façon ou d'une autre par un nombre plus ou moins important de citoyens. Si ceux-ci pouvaient arguer de leur liberté de conscience pour ne plus respecter les lois de leur choix, il n'y aurait plus de vie collective possible.

Or, en matière politique, les pauvres ont une qualité essentielle : ils ne sont pas contestataires. Ou s'ils le sont, c'est d'une façon qui ne fragilise aucunement le système politique. En effet, il est connu que le premier parti ouvrier (et le premier parti des pauvres, en réalité) est le parti de l'abstention. Quand les pauvres ne croient plus en leur capacité à remettre en cause le système politique qu'ils jugent défaillant (puisqu'incapable de leur donner les moyens de sortir de la pauvreté) ils l'expriment beaucoup moins dans le vote contestataire que par leur refus d'aller voter. De ce point de vue, ceux qui voient la montée des extrêmes comme une montée du populisme, c'est-à-dire comme on l'a vu tout à l'heure une montée des discours faits pour plaire au peuple, se trompent. Le vrai danger que posent les extrêmes au système politique est de plaire de plus en plus aux classes moyennes. Cela devrait sembler évident quand on voit comment l'extrême-droite utilise la haine des pauvres pour séduire son électorat : dans le meilleur des cas, il séduit les anciens pauvres ou les anciens riches : ceux qui ont peur d'être tirés en arrière par la partie la plus désœuvrée de la population, ou ceux qui ont déjà connu un tel déclassement social. Mais les pauvres, eux, se fichent bien des extrêmes comme du centre et des partis de gouvernement. Et cette contestation par le « retrait » est un acte de civisme assez étonnant : car il laisse le champ libre à ceux auxquels ils ne font pas confiance pour les sortir de leur situation. Il ne faut pas, non plus, voir cet abstentionnisme comme un défaitisme puisqu'il est la conséquence de la position individualiste libérale dont je parlais quelques lignes plus haut : les pauvres comptent beaucoup moins qu'on le dit sur les autres pour sortir de la pauvreté, ils espèrent juste pouvoir un jour utiliser leur liberté d'action dans un sens qui améliorera leur condition sociale.

Qu'ils votent ou non, il y aura de toute façon une charité publique ou privée pour leur venir en aide. Mais pour ce qui est d'en sortir vraiment, si ça doit arriver un jour, il faut qu'ils ne le doivent qu'à eux-mêmes. Que signifierait une sortie de la pauvreté qui serait due à une personne ou à une institution extérieure ? Elle signerait de façon flagrante et humiliante l'impuissance du pauvre à n'avoir pas été capable de s'assumer seul : une impuissance qui ferait de lui un *pauvre à vie*, même dans l'aisance financière. Le hasard est le seul coup de pouce extérieur que tolèrent les pauvres, car il est totalement anonyme et peut être provoqué par un acte positif de leur part : en jouant au PMU ou à la Française des jeux, les pauvres activent d'eux-mêmes les rouages de leur destin, exerçant leur choix et exprimant clairement la volonté de sortir de leur condition misérable. Si la chance est de leur côté, ils se sentiront responsables de cette manne bienveillante et leur émancipation aura un visage honorable, celui de la volonté individuelle de s'en sortir.

Comment les politiques se servent des pauvres

La façon dont les politiques eux-mêmes récupèrent les pauvres et la pauvreté pour leur propre usage a été largement étudiée, en particulier par Philippe Sassier dans son ouvrage *Du bon usage des pauvres*. Il est allé décortiquer, depuis les textes de l'antiquité grecque et de l'Ancien Testament jusqu'aux mécanismes de solidarité sociale publics et privés instaurés par nos sociétés modernes, la façon dont les puissants ont utilisé le thème de la pauvreté pour imposer leur vision du monde. Dans ce passionnant travail d'historien, il montre comment les pauvres sont devenus au fil des siècles un thème politique, comment ils sont devenus « le peuple », puis la « classe ouvrière », mais aussi le « pauvre lointain » (celui des pays du

Tiers-Monde) et finalement l'exclu sans domicile fixe qui attire la compassion et justifie des actions caritatives médiatisées. Il montre surtout à quel point « le pauvre est pour le politique un instrument d'analyse et d'action irremplaçable ». Mais pour les politiques, « le pauvre n'est qu'un prétexte », dit-il. Prétexte à ressembler ou à ressouder la communauté des citoyens, prétexte en fait à préserver l'ordre politique, économique et social. C'est toujours, comme nous l'avons vu depuis le début de ce livre, la société qui a besoin des pauvres, et non l'inverse. La société politique s'appuie sur les pauvres, que ce soit en les aidant ou en les pourchassant, pour préserver le lien social. Philippe Sassier écrit : « La préservation du lien social impose à la fois l'assistance unilatérale et la participation du pauvre ». Ainsi, quelle que soit la façon dont nos dirigeants tentent d'aider les pauvres, ce n'est pas « …le seul isolement du pauvre que l'on tente de rompre, mais celui de tous ». Il faut près de 400 pages à Philippe Sassier pour démontrer comment la société politique a toujours mis les pauvres à son service, et non l'inverse. Ce qui en fait des citoyens indispensables et irréprochables. Si seulement les citoyens « normaux » avaient conscience de l'utilité politique et sociale des pauvres, ils cesseraient sans doute de les accabler de reproches.

Petit pauvre ne deviendra jamais grand...

On voit donc que les pauvres, contrairement aux idées reçues, ne font pas d'aussi mauvais citoyens qu'on le pense parfois. Ils sont les premiers défenseurs des droits individuels et des libertés ; ils cautionnent bon gré mal gré le système de répression policière et carcérale ; et ils laissent les partis politiques de gouvernement se servir d'eux, plus préoccupés par le maintien de l'ordre politique que par l'amélioration radicale des conditions de vie des plus démunis. Mais il reste un dernier argument qui valide leur utilité civique. C'est qu'ils ne font pas des citoyens si encombrants que ça, tout compte fait. On a déjà vu en termes écologiques que l'empreinte laissée par un pauvre dans l'espace est bien moindre que celle d'un riche. Même si la mesure de l'empreinte écologique est le fait de cabinets d'expertises qui vendent des résultats dont la méthode de calcul est très opaque, cette notion selon laquelle l'existence de certains individus est plus « gourmande » d'espace que celle des autres a eu un très grand succès, car elle concrétise en un seul indicateur une inégalité multidimensionnelle. Un états-unien « consomme » ainsi près de cinq hectares de terres pour produire les biens et les services qu'il consomme et pour recycler les déchets qu'il rejette. Un habitant de Grèce se contente de 2,5 ha et un habitant du Kenya de 1,1...

Mais outre leur caractère faiblement prédateur et leur quasi-absence dans l'espace politique, les pauvres ne sont pas très envahissants socialement. Tout d'abord car ils acceptent de se regrouper en se tassant dans des parties du territoire relativement isolées, à l'abri du regard des citoyens privilégiés. Si on rapporte la surface qu'ils occupent à leur nombre élevé, les pauvres prennent relativement peu de place à loger. Idem dans le domaine du transport où ils exercent leur liberté de déplacement non seulement de façon moins polluante, mais aussi de façon moins encombrante, à la fois car ils voyagent peu mais aussi car ils se déplacent en masse. Entassés dans des transports en commun (qui ne sont pas si communs que ça à tous les groupes sociaux...) ils usent assez peu les infrastructures cossues et coûteuses, autoroutes et aéroports, que les riches et les classes moyennes aiment tant emprunter. Mieux encore, quand ils vont de leur travail à leur domicile, c'est souvent à l'abri des regards publics dans ces bas-fonds modernes que constituent les couloirs du métro, refuge ultime de la grande misère des capitales et lieu de déplacement (ou de vie) des travailleurs pauvres et des pauvres sans-travail. A Paris, les plus miséreux ont compris sans connaître Eugène Sue (qui n'a pas sa station de métro !) que les bas-fonds sont faits pour eux, pour qu'ils s'y cachent loin du regard des citoyens « supérieurs » et qu'ils viennent s'y réfugier nombreux quand le froid tombe sur la ville. Et si les classes moyennes les y tolèrent, c'est non seulement par compassion (car il s'agit aussi de ça, comme nous le verrons bientôt) mais surtout parce que l'on sait que le sous-sol est depuis l'homme des cavernes le refuge privilégié des gens qui n'ont rien.

L'humilité des pauvres se traduit finalement par une faible volonté de s'installer durablement dans la vie sociale. Non seulement ils prennent peu de place, mais ils l'occupent moins longtemps que les autres. Car les pauvres meurent bien plus jeunes que ceux qui ne le sont pas. Selon les enquêtes les plus récentes, les hommes ouvriers peuvent espérer à 35 ans vivre 39 ans de plus, alors que les cadres peuvent compter vivre encore 46 ans s'ils atteignent l'âge de 35 ans. Ce qui les mènera bien au-delà de la durée de vie moyenne de la population totale dans la mesure où l'on s'intéresse à des individus qui sont déjà passés à travers les taux de mortalité des 35 premières années, et qui vivront donc plus vieux que la moyenne. Les inactifs de cet âge, dont beaucoup sont malades, n'ont plus que 28,5 ans d'espérance de vie en moyenne. Parmi eux, de nombreux accidentés de la vie qui dépasseront à peine l'âge de 60 ans, et partiront près de 20 ans avant les plus privilégiés d'entre nous.

Ainsi les pauvres offrent leur jeunesse à la société, en quelque sorte. Ils l'usent dans des travaux et des conditions de vie douloureuses, dont ils se plaignent assez peu si l'on regarde bien : il suffit de voir comment l'expression de leurs angoisses sociales est bien moins bruyante que chez les classes moyennes, même supérieures, comme celles des enseignants ou des médecins, par exemple. Une étude de la Fondation Jean Jaurès, publiée en 2016[24], rappelle que la proportion de pauvres ayant songé sérieusement au suicide était de 31 % cette année-là, contre 12 % pour les classes supérieures. Pour être fidèle à notre définition de la pauvreté comme incapacité à maîtriser ses conditions de vie, notons que cette part était de 30 % chez les chômeurs et de 23 %, tout de même, chez les indépendants et employeurs parfois submergés par des responsabilités stressantes. Parmi tous ces gens qui sont mis en situation de ne plus pouvoir maîtriser leur vie, certains finiront par tirer tragiquement leur révérence. Tout se passe comme dans *« La ballade de Narayama »,* ce film japonais primé à Cannes en 1983, dans lequel une vieille femme encore bien portante se sacrifiait volontairement et se vieillissait prématurément pour faire la place aux jeunes de son clan. Les pauvres dans notre société ne cessent de laisser la place aux riches. Pas seulement les bonnes places, ni les plus jolies places, mais *la place* tout court.

---

[24] « Les Français et le suicide », disponible sur jean-jaures.org

En revanche, les riches sont si convaincus de leur utilité sociale et de leur caractère indispensable à la vie collective qu'ils ne savent pas se retirer pour passer le flambeau. Les pauvres, eux, laissent volontiers leur place à qui la veut, place dont ils se disent sans doute qu'elle n'est de toute façon pas très enviable et que celui qui la prendra n'est pas si chanceux que ça. Balzac l'avait bien compris, lui qui écrivait que les pauvres, tels les moineaux des villes, sont ceux qui *« font les générations et dont il ne reste rien »*. Travaillant bien, consommant comme il faut et polluant relativement peu, les pauvres font leur petit tour social et puis s'en vont, tirant leur révérence avant les autres. S'ils savaient à quel point ils furent utiles au pays qui les vit naître, sans doute voudraient-ils rester un peu plus longtemps. Malheureusement, leur utilité vient justement en partie du fait qu'ils ne « durent » pas aussi longtemps que les autres.

Tous les citoyens ne peuvent pas espérer que leur nom finisse gravé sur une façade d'école ou sur une plaque de rue. Nos villes sont trop petites pour que chacun y laisse sa trace. Les pauvres ont la délicatesse de laisser ces places-là aussi aux gens privilégiés. Tel le *« Pauvre Martin »* de la chanson de Brassens, ils meurent *« en faisant vite en se cachant »*. C'est tout de même un cadeau extraordinaire qu'ils font aux autres citoyens de leur abandonner les meilleures places. Cela méritait bien un franc remerciement.

Car au final, chaque pauvre au cours de sa vie réalise le rêve éveillé de nos Etats surendettés : celui d'être des citoyens bien moins gourmands en dépenses publiques qu'on veut bien le faire croire. Chaque pauvre coûte moins cher à éduquer, à former, à soigner et à laisser vivre, de manière générale, que n'importe quel riche. Certes, il existe quelques profiteurs qui abusent des aides sociales. Mais à eux tous, ils coûtent beaucoup moins cher à l'Etat que les évadés fiscaux et les experts des diverses niches fiscales. Mieux encore, les pauvres ont l'immense qualité de ne pas réclamer systématiquement les aides que la société leur propose. Une étude remise à l'Assemblée nationale le 26 septembre 2016 sur l'« évaluation du non-recours aux minima sociaux et aux soins des personnes en situation de précarité sociale » a estimé qu'une personne sur trois environ ne réclame pas l'aide sociale qui lui est due.

Les études sociologiques qui ont tenté de cerner ce phénomène montrent qu'il ne s'agit pas que d'un simple défaut d'information sur leurs droits, ou de difficulté à les faire valoir. Il s'agit dans un nombre de cas significatifs de personnes qui font par ce refus la preuve de leur fierté individuelle : en refusant l'aide sociale, ils montrent qu'ils ne sont pas si démunis que ça, puisqu'ils s'en sortent quand même. Ils font preuve aussi de compassion envers ceux qui « sont encore plus pauvres » qu'eux et qui sont les vrais nécessiteux. Décidément, les pauvres font d'admirables citoyens, qu'on devrait certainement donner plus souvent en exemple à la jeunesse…

La règle numéro un, chez les pauvres, est d'aimer ce que l'on a, puisqu'on n'a pas souvent ce qu'on aime. Il s'agit donc de « faire avec », et tant pis si c'est avec pas grand-chose. Le sentiment de finitude qui découle de ce mode de vie, auquel ils s'habituent très jeunes et qui donne parfois ce sentiment qu'ils foncent dans la vie tête baissée, avec l'idée que de toute façon cela finira bientôt d'une façon ou d'une autre ; cette idée radicale selon laquelle nul n'est essentiel ni éternel est un des apports majeurs des pauvres à une société qui se croit sans limites. Il me faudra bien un chapitre supplémentaire pour vous en convaincre.

Merci les pauvres, mais merci aussi…

L'Insee, pour *Les différences sociales de mortalité*, (Insee Première, Juin 2005)

Etienne de la Boétie, pour *Discours de la servitude volontaire* (Mille et une nuits, 1997)

Robert Castel, pour *Les métamorphoses de la question sociale* (Folio Essai, 1999) et *L'insécurité sociale* (Le Seuil, 2003)

John Rawls, pour *La justice comme équité* (La Découverte Poche, 2008)

Pierre Rosanvallon, pour *La nouvelle question sociale* (Essais Points Seuil, 2015)

Philippe Sassier, pour *Du bon usage des pauvres. Histoire d'un thème politique.* (Fayard, 1990)

Dominique Schnapper, pour *Qu'est-ce que la citoyenneté ?* (Ed. Folio Actuel, 2000) et *La relation à l'autre* (NRF Essais Gallimard, 1998)

Amartya Sen, pour *L'idée de justice* (Ed. Flammarion, 2012)

Chapitre Six

Les pauvres ont de vraies limites

« Pauvre Martin, pauvre misère
Creuse la terre, creuse le temps[25] *»*

On raconte que la force des élites est de savoir tenir le petit peuple à distance. Ou de savoir s'en tenir à distance.

Selon le couple de sociologues Michel Pinçon et Monique Pinçon-Charlot, qui ont consacré une vie de recherches à l'étude du monde très fermé de la grande bourgeoisie française, *« dans tous les pays du monde, les riches vivent à l'écart, préservés des promiscuités indésirables »*.

Cela se traduit par leur capacité à interdire à la masse des citoyens ordinaires de s'installer dans leurs « beaux quartiers », mais aussi à interdire que l'on puisse analyser leur mode de vie avec recul et objectivité. Monique Pinçon-Charlot et son mari ne cessent de témoigner de la difficulté (mais pas de l'impossibilité) qu'il y a à produire un discours sur des personnes qui maîtrisent à la perfection le langage et la pensée savante. Car les riches sont en mesure de construire eux-mêmes le discours qu'ils veulent que l'on tienne à leur sujet, et entendent bien en rester maîtres. Cette dimension du pouvoir économique nous amènera en fin d'ouvrage à définir la vraie richesse par la capacité à maîtriser (ou à dominer) tous les aspects de son existence, mais il reste une dimension essentielle de la pauvreté sur laquelle nous devons absolument nous interroger ensemble, le temps d'un chapitre.

Car il est une chose plus étonnante encore que cette forme de résistance bien connue des riches à se laisser analyser, c'est le fait que les pauvres tendent un piège de même nature à ceux qui veulent parler d'eux.

---

[25] *Pauvre Martin*, de Georges Brassens, 1953

Les pauvres, entre populisme et misérabilisme

Un piège qui ressemble à ça : nous sommes contraints à ne voir le mode de vie des pauvres que sous l'angle misérabiliste (« Regardez comme ces malheureux sont à plaindre ») ou sous l'angle populiste (« Ces gens-là sont riches de valeurs qui font défaut aux autres milieux sociaux »). Claude Grignon et Jean-Claude Passeron avaient précisément repéré et analysé cet obstacle qui se présente aux sociologues dans un livre paru en 1989 sous le titre *Le savant et le populaire*. Dans un ouvrage qui est avant tout une réflexion complexe entre sociologues sur les difficultés à exercer objectivement leur travail de décryptage de la réalité sociale, ils constataient que les pauvres ne sont pas démunis de tout, finalement, et surtout pas de la possibilité de résister et de se défendre face au regard d'autrui. Car tout jugement sur eux peut se retourner (ou être retenu) contre celui qui l'émet. Trop compatissant envers ce qu'ils sont et ce qu'ils font, vous serez taxé de populiste. Une attitude qui traduira au mieux votre regrettable manque d'objectivité, au pire une certaine forme de lâcheté, puisque vous n'osez pas mettre le doigt sur les aspects les plus déplaisants de la situation de ces pauvres gens. D'un autre côté, la tentative de décrire la vie des pauvres sous un aspect systématiquement douloureux ou humiliant relèverait d'un misérabilisme d'autant plus inacceptable que les pauvres sont bien loin de vivre et d'interpréter leur existence d'une telle façon.

Seul le comportement « ethnocentré » de ceux qui pensent que l'on ne peut vivre décemment si l'on ne vit pas dans un confort identique au leur, autorise à porter un regard misérabiliste sur la condition des pauvres. Or, tout en l'ayant dénoncé avec vigueur, Claude Lévi-Strauss reconnaissait lui-même que l'ethnocentrisme est un sentiment fréquent chez les hommes. Dans une brochure qu'il rédigea pour l'UNESCO en 1952 et publiée sous le titre *« Race et Histoire »*, il écrivait que *« l'attitude la plus ancienne, et qui repose sans doute sur des fondements psychologiques solides puisqu'elle tend à réapparaître chez chacun de nous quand nous sommes placés dans une situation inattendue, consiste à répudier purement et simplement les formes culturelles (...) qui sont le plus éloignées de celles auxquelles nous nous identifions ».* Les sociologues de la culture ont confirmé que nos modes de vie étant incorporés au cours de notre socialisation, il nous est très difficile d'imaginer que l'on puisse vivre et penser différemment de nous. Pire encore, nous ne pouvons pas concevoir que les façons de vivre et de penser différentes des nôtres soient aussi respectables, voire plus respectables que celles que nous connaissons depuis toujours. Nous sommes tous fortement enclins à l'ethnocentrisme. Ce comportement est compréhensible dans la mesure où il permet à chacun de s'épanouir dans sa propre culture. Il n'est pas rare d'ailleurs que les ethnologues et les sociologues les plus curieux des cultures « étrangères » soient ceux qui furent le plus mal à l'aise dans leur propre milieu, quand ils ne l'ont pas purement et simplement rejeté. La pente naturelle de l'homme est de valider, même avec une certaine mauvaise foi, sa propre culture contre celle des autres. Ce qui rend tous les non-pauvres potentiellement misérabilistes.

Du misérabilisme et du populisme, je viens justement d'en commettre la double infraction en concluant le précédent chapitre. Le couplet entonné sur l'humilité des pauvres qui se font tout petits dans l'espace public et qui paraissent se sacrifier pour laisser à de plus nobles qu'eux les places les plus prestigieuses m'a fait indubitablement tomber simultanément dans les deux travers : celui qui consiste à les plaindre sans restriction tout en vantant et en louant leurs indéniables qualités humaines. On notera juste, mais on y reviendra plus tard, que ce double caractère (humilité et courage) est celui que l'on prête aux martyrs, et qu'il n'est pas surprenant que certaines religions voient les pauvres comme tels.

Flatter les pauvres, pour se flatter soi-même

Pourtant, même en tâchant d'éviter de tomber dans un tel piège et en parlant des pauvres de la façon la plus objective possible, il faut reconnaître que le genre de discours que les pauvres tendent à faire produire sur eux est souvent extrêmement valorisant pour celui qui le formule. Et c'est justement l'objet de ce chapitre de montrer que les pauvres ont finalement une qualité qu'aucun autre groupe social ne possède : celui de permettre à leurs observateurs de faire preuve de qualités humaines irréprochables.

La preuve par l'absurde : quelle grandeur d'âme, quelle image noble de moi-même pourrais-je donner en glorifiant les riches ? Aucune. On ne fait preuve que de pure servilité ou d'obséquiosité en flattant les plus privilégiés, et l'on est toujours soupçonné (à tort ou à raison) de n'avoir qu'une envie mesquine d'obtenir une quelconque récompense matérielle ou symbolique en retour des louanges adressées aux élites de ce monde. Certains journalistes ou chroniqueurs de radio, dont je ne citerai pas les noms, excellent en la matière. Et toutes les tentatives de décomplexer les Français par rapport à l'argent, menées par des Bernard Tapie ou des Nicolas Sarkozy fiers de se présenter en modèle (vous savez, l'histoire de la Rollex qui signe la réussite de l'homme de cinquante ans...) n'ont jusqu'à présent pas eu beaucoup de succès. Inversement, glorifier les pauvres n'attire pas seulement les louanges des milieux chrétiens (même s'ils ont une bonne longueur d'avance sur ce terrain) mais cela permet à tous les autres, athées ou de religions diverses, de vérifier combien ils sont capables de compassion, de charité, de compréhension, et de toutes ces qualités que l'on prête à ceux qui ont le courage d'entendre la détresse humaine.

C'est donc aux pauvres, et sûrement pas aux riches, que l'on doit la *possibilité* d'exprimer le meilleur de notre humanité. Etienne de la Boétie, rencontré au chapitre précédent, formulait cette idée d'une très belle façon. Il écrivait que la nature, dans le *« partage qu'elle a fait de nos dons »*, a fait *« des parts plus grandes aux uns, plus petites aux autres »*. Mais il précisait que si elle l'a fait c'est parce qu'*« elle a voulu faire naître [chez les hommes] l'affection fraternelle et les mettre à même de la pratiquer, puisque les uns ont la puissance de porter secours tandis que les autres ont besoin d'en recevoir »*.

Puisque j'ai décidé de poser toutes les questions qui fâchent, il faut que je soulève sans ambiguïté un point dénoncé par de nombreux économistes du développement : celui du rôle de la compassion dans le maintien des pauvres dans leur condition. Georg Simmel avait clairement montré dans *Les pauvres* que le christianisme utilise plus les pauvres pour aider les âmes charitables à faire la preuve de leurs vertus que dans le but réel de sortir les indigents de leur situation misérable. Simmel écrit : *« Lorsque Jésus dit au jeune homme riche, donne tes biens aux pauvres, ce qui semble lui importer n'est pas les pauvres, mais plutôt l'âme de l'homme riche, ce sacrifice n'étant qu'un moyen ou un symbole de salut »*. L'aumône, dit Simmel, fait encore plus de bien au donneur qu'au receveur...

Ce renversement de perspective, qui consiste à faire passer les gens altruistes pour de purs égoïstes a pu m'amuser un temps lorsque je cultivais encore le goût de la provocation. Mais cela n'oblige pas forcément à dénoncer la nocivité de la charité, car il n'est pas difficile de comprendre que rien n'empêche les riches d'aider les pauvres, même par égoïsme, tant que le but moral visé (aider les plus démunis) est atteint. Cependant, Simmel va plus loin dans sa démonstration. Car si les riches ont besoin de leurs pauvres pour faire la preuve de leur grande âme, cela implique qu'ils ne doivent pas leur donner trop s'ils ne veulent pas risquer *de ne plus avoir la possibilité d'aider quiconque* ! Simmel écrit cette phrase terrible : *« Si l'assistance devait se fonder sur les intérêts du pauvre, il n'y aurait, en principe, aucune limite possible quant à la transmission de la propriété en faveur du pauvre, une transmission qui conduirait à l'égalité de tous »*. En fait, ajoute-t-il, *« il n'y a aucune raison d'aider le pauvre plus que ne le demande le maintien du statu quo social »*.

Belle démonstration de l'utilité sociale des faibles ou des pauvres : ils sont les seuls en mesure de donner aux riches et aux puissants l'occasion d'utiliser noblement leurs talents. Au paradis égalitaire, dans un monde de clones, nul n'aurait de telles occasions de faire la preuve de sa générosité. Les pauvres révèlent donc le meilleur de ceux qui ne le sont pas, en leur donnant la possibilité de parler des miséreux avec compassion et miséricorde. Qui saura que je suis riche, puissant et bon, si personne ne me permet d'en faire la démonstration ?

Mais les pauvres sont plus que de simples révélateurs. Ils sont l'étalon de mesure grâce auquel on peut estimer la valeur morale de chacun. Grâce à eux, les comparaisons sont non seulement possibles mais flatteuses pour presque tous les non-pauvres. C'est d'ailleurs un trait commun aux êtres humains en détresse de rechercher si, par bonheur, il n'y aurait pas plus malheureux qu'eux-mêmes. Et par chance, nous trouvons presque toujours celui ou ceux qui joueront ce rôle et qui nous permettront de comprendre ce privilège dont nous jouissons : vivre la vie que nous nous flattons d'avoir choisie.

L'homme a besoin de telles comparaisons flatteuses et le pauvre les lui offre en toute occasion. *« Quand je m'examine, je m'inquiète, quand je me compare, je me rassure"* aurait dit Talleyrand. Cette maxime est devenue le credo euphorisant des dépressifs du monde occidentalisé, sous la forme *« Quand je me regarde, je me désole, quand je me compare je me console »*. Or, pour trouver une comparaison qui vous mette en valeur, suivez mon regard… du côté des plus pauvres. Vus de loin, au moins, ils offrent de quoi rassurer plus d'un inquiet sur son avenir. [De près, notez bien qu'il est fort possible que le pauvre que vous plaignez fasse preuve de qualités qui vous dépassent. Mais comme ça n'est jamais sûr, il vous suffit d'éviter d'approcher les pauvres pour en faire un usage valorisant. C'est sans doute là une des explications majeures de la distance que maintiennent certaines catégories sociales par rapport aux plus démunis. Car s'ils devaient découvrir qu'un pauvre peut être un individu admirable, d'une grandeur morale inégalable, cela pourrait remettre totalement en question la vision du monde social qu'ils se sont forgée. Il est possible alors qu'ils ne parviennent pas à assumer les sentiments nouveaux qui naîtraient de cette stupéfiante découverte…].

Les pauvres, révélateurs de nos différences

Plus largement, l'existence des pauvres dans notre société est l'occasion donnée à chacun de comprendre les différences sociales. En effet, la différence de niveau de vie est sans doute celle qui structure et organise le plus les rapports sociaux. Certes, la différence sexuelle est encore plus structurante pour les individus, puisque c'est sur elle que l'enfant construit sa personnalité et son identité, et qu'elle est sans doute la première différence fondamentale que comprend l'individu. Mais son impact social est moins fort que celui des écarts de richesses dans la mesure où la différence homme/femme est présente à l'intérieur de *tous* les groupes sociaux et que chaque sexe n'est pas tenté de vivre à l'écart ou à distance de l'autre.

En revanche, il est envisageable que les riches et les pauvres décident de *ne pas du tout* vivre ensemble et c'est souvent ce que l'on observe, comme nous l'avons vu en ouverture de ce chapitre. La différence de revenus et de niveaux de vie est donc, me semble-t-il, le premier critère de tri social, loin devant l'origine ethnique, la couleur de peau ou même le langage (pas le niveau de langage, mais la langue maternelle). On vit très bien et on s'adapte immédiatement aux modes de vie qui nous sont proches en termes de confort. D'ailleurs, les échanges linguistiques que font parfois les jeunes en allant vivre quelque temps dans des familles étrangères se passent toujours très bien tant qu'ils se font entre milieux sociaux proches, à niveaux de vie sensiblement équivalents. Mais les rencontres entre individus trop différents en termes de richesses, pour passionnantes et enrichissantes qu'elles puissent être, ne créent jamais de lien durable, sauf lorsque l'un des membres des deux groupes parvient à descendre ou à se hisser au niveau de vie qui n'était pas le sien.

Je conçois bien que ce type de propos va à rebours de toutes les valeurs démocratiques qui revendiquent une universalité de la nature humaine grâce à laquelle nous pourrions tous vivre ensemble en bonne intelligence. Or, si je ne doute pas qu'une telle possibilité existe, et qu'on puisse en user ponctuellement, je dois constater que tous les milieux ou les groupes sociaux se forment avant tout sur une proximité de richesse matérielle. Que l'on prenne une tribu du Sahara, une bande de copains randonneurs ou même un groupe de malfaiteurs, ce qui rapproche avant tout les membres de ce groupe est la proximité de leur niveau de vie. Les riches ne coexistent avec les pauvres en général que dans un rapport utilitariste, lorsque ces derniers leur servent à quelque chose, et en premier lieu de domestiques.

La spécialisation géographique des habitats en est une preuve flagrante, et l'on voit souvent le profil des habitants d'un même immeuble se modifier au fil du temps pour aboutir à une homogénéité économique et sociale de plus en plus forte. L'entre-soi, contrairement à ce que l'on croit souvent, n'est pas une particularité de riches paranoïaques qui voudraient protéger leurs enfants des mauvaises fréquentations issues de milieux étrangers (au sens du mot anglais « stranger », qui désigne en fait l'inconnu). Les riches ont juste plus de moyens que les membres des autres milieux pour organiser cet entre-soi, et peuvent exclure par leur pouvoir d'achat ceux qui seraient tentés de venir jouer sur un terrain qui n'est pas le leur. Mais tous les milieux sociaux, tous les groupes d'amis comme l'immense majorité des familles, tout le monde pratique l'entre-soi. Richard Hoggart, dans *La culture du pauvre*, décrit comment, dans son milieu ouvrier d'origine, les gens partageaient le monde en deux groupes simples : « Nous » et les « Autres ». Les ouvriers considèrent que de nombreux modes de vie, de nombreuses places, de nombreuses formes d'expression ne sont pas pour eux. Et ils décrivent le monde des « autres » comme un monde totalement différent et inaccessible. Une candidate de téléréalité à qui on reprochait l'indigence de son vocabulaire s'est défendue récemment en affirmant que pour elle, les mots *« c'est trop bourgeois »*. La maîtrise de la langue française ne la concerne donc pas, puisque c'est une exigence d'un autre monde. Un milieu qui, de toute façon, méprise le sien.

Ainsi, malgré tout ce qu'on a pu écrire sur la disparition des classes sociales (qui est surtout une disparition des conflits de classes due à une montée brutale de l'individualisme), c'est bien la persistance de ces classes en tant que groupes aux niveaux de vie différents qui continue d'organiser le mieux les rapports sociaux.

Par conséquent, nos démocraties butent sur un paradoxe insoluble : d'un côté, le rêve d'un monde égalitaire implique la disparition des pauvres et donc la disparition des principales différences sociales. Mais d'un autre côté, nous avons besoin de telles différences, puisque ce sont elles qui nous définissent. Ce sont sur elles que se construit une grande part de notre identité. Tout le monde devine bien intuitivement sans oser se l'avouer que l'égalité réelle, si tant est qu'on puisse un jour l'obtenir, engendrerait une confusion des identités au moins aussi brutale que celle que porte la confusion des genres dans notre société.

Ce que nous apprend la différence des sexes

En fait, parce que les démocrates les plus postmodernes ne voient pas en quoi de telles confusions sont dangereuses, il va falloir que je me justifie.

Avant d'aborder ce sujet qui a tant attisé les passions autour des débats sur le mariage pour tous, je tiens à rappeler que je ne cherche ni à attaquer les défenseurs des différences naturelles, ni ceux qui luttent pour une égalité absolue des hommes et des femmes. Je cherche seulement, faut-il le rappeler, à comprendre l'existence persistante des pauvres dans notre société à un niveau aussi élevé et aussi contradictoire avec ce que tout le monde semble penser de cette situation (à savoir qu'elle n'est ni enviable, ni souhaitable pour personne). Or, il est incontestable que les pauvres affichent une différence essentielle avec le reste de la population. Et il est fort possible (je n'ai pas dit souhaitable, je garde cette discussion pour la fin de ce livre) fort possible disais-je que leur différence nous soit utile à quelque chose.

Comme peut l'être celle entre les hommes et les femmes, ou celle qui existe entre les pères et les mères. D'une façon simple mais assez juste, on peut considérer que deux courants traversent le féminisme contemporain. Le courant universaliste considère que les hommes et les femmes sont fondamentalement égaux, au point d'être essentiellement identiques et que seules les différences de socialisation sont responsables des stéréotypes de comportements observés chez les hommes et chez les femmes. Ce courant est porté par la fameuse phrase de Simone de Beauvoir selon laquelle « on ne naît pas femme, on le devient ». Le courant différentialiste, pour sa part, considère que les différences sexuelles, confirmées et renforcées par l'éducation, sont réelles et inévitables. Mais qu'elles ne justifient en aucun cas que l'un des deux genres domine l'autre.

Cette dernière position a été très bien formulée par Françoise Héritier, anthropologue de renom décédée en 2017. Il n'est pas anodin de constater que les deux courants féministes opposent souvent des philosophes (pour les universalistes) aux sociologues (différentialistes). Car cette opposition recouvre des façons d'envisager les différences sociales assez opposées, les philosophes reprochant aux sociologues une vision déterministe de la société (si les différences sont ancrées dans les représentations sociales, elles ne peuvent être effacées facilement) ; les sociologues reprochent de leur côté aux philosophes de prendre leurs désirs d'égalité pour la réalité, sans intégrer le poids des contraintes et des différences réelles. Les psychanalystes, quant à eux, se partagent entre les deux courants. Antoinette Fouque, par exemple, affirme depuis longtemps qu'« il y a deux sexes » et que leurs différences sont ineffaçables.

Françoise Héritier constate donc que « le rapport homme/femme est construit sur le même modèle que le rapport parents/enfants ou que le rapport aîné/cadet (…) ». Ce qui n'est qu'une simple différence (celle en particulier de « faire » ou non des enfants, affirme Françoise Héritier) est construit comme une inégalité qui permet aux hommes de s'approprier la fonction procréative à leur profit. Elle ajoute qu'« il n'y a, à [sa] connaissance, aucune société, même matrilinéaire, qui agisse en inversant ces relations ou simplement en niant leur existence ».

Le fait qu'elle cite l'inégalité entre aîné et cadet semble donner raison aux philosophes qui considèrent qu'une inégalité n'a aucune raison d'être éternelle sous prétexte qu'elle est ancestrale. L'inégalité entre les membres de la même fratrie a de fait été abolie dans notre société. Pourquoi ne pourrait-il pas ne pas en être de même pour l'inégalité homme/femme ? En fait, Françoise Héritier a milité toute sa vie pour « dissoudre la hiérarchie[26] » instaurée depuis toujours entre les sexes. Mais abolir l'inégalité n'est pas supprimer la différence. C'est juste apprendre à vivre avec.

Allons un peu plus loin encore. Conformément aux analyses de l'évolution psychoaffective des enfants formulées par les freudiens et développées en partie (mais pas seulement) par les lacaniens, on peut également poser une différence entre les pères et les mères. Selon eux, le père n'est pas une deuxième mère, ni la mère un père au féminin. Je n'ai pas la place ici de

---

[26] C'est le sous-titre de son ouvrage « Masculin/Féminin II » cité en fin de chapitre.

reprendre en détail ces analyses mais je renvoie volontiers ceux que ça intéresse au livre de Jean-Pierre Lebrun intitulé *Un monde sans limite*. Il rappelle que la mère joue auprès de l'enfant le rôle de l'Un, c'est-à-dire du même, du pareil. Marcel Pagnol écrivait à ce propos qu'il était né le même jour que sa mère, qu'il avait toujours eu le sentiment d'être né en même temps qu'est né son amour pour elle. Le père, lui, joue le rôle de l'Autre, par sa différence sexuelle, mais aussi par le langage qu'il va imposer à son enfant.

Ces « positions parentales toujours dissymétriques » sont extrêmement structurantes pour l'enfant, même si elles valident un discours conservateur très ringard dans lequel les pères et les mères semblent condamnés à jouer des rôles inamovibles. Ce discours passéiste tend à faire croire que la dissymétrie des rôles parentaux sur laquelle insistent certains psychanalystes valide forcément l'inégalité profitant aux hommes et condamne les femmes à rester dans un statut d'infériorité. Sur ce point, rien n'oblige (et fort heureusement) de suivre les conservateurs qui veulent figer dans le marbre les relations dissymétriques entre hommes et femmes sans faire l'effort de chercher où peut nous mener la compréhension des différences sexuelles. Car ce que cette différence sexuelle nous apprend d'essentiel est qu'elle reste le fardeau de l'humanité par le rapport dissymétrique qu'elle crée entre l'enfant et la mère, d'un côté, et l'enfant et le père de l'autre, dissymétrie qui rend particulièrement complexe la relation homme/femme.

On comprend que de nombreux hommes ne veuillent pas jouer le rôle peu valorisant d'empêcheur de fusionner en rond entre l'enfant et la mère. C'est sans doute pour cette raison que nombre d'entre eux laissent la charge de l'éducation à la mère de leurs enfants. Car il est en réalité plus facile pour eux de ne jouer « aucun » rôle du tout auprès de leurs enfants, les laissant se consoler comme ils le peuvent de cette promesse d'amour jamais tenue par les mères (la fameuse promesse, selon Romain Gary, que l'on nous fait à l'aube de la vie, sans jamais la tenir). En réalité, je ne cherche nullement à imposer au lecteur de ce livre une théorie des rôles parentaux. Je voudrais en revanche lui faire admettre que la différence homme/femme est par nature un sujet de réflexion qui « résiste » aux individus. Ce qui n'a rien d'étonnant, car partout où se trouve une différence, apparaît forcément une résistance.

De l'utilité des différences…

Je ne voudrais pas non plus perdre les lecteurs qui s'interrogent sur la pauvreté et se demandent bien en quoi le débat sur la différence des sexes et les rôles parentaux peut alimenter la réflexion sur les pauvres. J'y viens maintenant. Mon but est de montrer que les pauvres constituent un repère particulièrement stable et rassurant dans un monde qui tente en permanence d'effacer toutes les différences. Le fait de savoir et de vérifier chaque jour qu'il existe des humains différents de nous a une utilité psychique réelle. Cela ne peut être occulté par une défense inconditionnelle de l'égalitarisme démocratique. La recherche croissante d'égalité réelle entre les individus, en effaçant les différences, peut attiser ou réveiller des conflits latents. L'enfer post-démocratique est peuplé de bonnes intentions égalitaires.

Pour justifier cette idée qui choque le bon sens démocratique, on pourrait aller chercher chez René Girard, le théoricien de la rivalité mimétique, cette idée selon laquelle un monde de semblables est potentiellement bien plus violent qu'un monde de différents. Car le *même* est forcément un rival, puisqu'il est celui qui peut prendre ma place. On l'a vu précédemment, le pauvre ne prend la place de personne. Même pas celle d'un autre pauvre, dans la mesure où il n'y a pas de rivalités sociales sur ces places-là, beaucoup trop nombreuses si l'on considère le faible nombre de ceux qui veulent vraiment les occuper. Si la rivalité et la violence sont intenses entre ceux qui cherchent à accéder aux belles places, elles sont paradoxalement atones pour les places inférieures de notre société. Cela fait pourtant très longtemps (au moins depuis le XIX° siècle) qu'on assimile les classes laborieuses à des classes dangereuses, comme l'a montré l'historien Louis Chevalier dans une étude parue en 1953. Il faut pourtant reconnaître que dans un groupe de gens démunis les rapports de pouvoir entre individus portent sur des enjeux bien moindres que chez des individus privilégiés. Car seuls ces derniers ont beaucoup à perdre lorsque s'engage une « lutte des places ». La violence des riches, même cachée sous le vernis de la bonne éducation, est réelle et sans pitié, comme le rappelle fort justement le couple Pinçon-Charlot. La violence entre pauvres est largement surestimée, et sert en grande partie à justifier leur relégation sociale.

D'autant plus que la violence exercée contre les pauvres, aussi réelle soit-elle, est le plus souvent d'ordre symbolique. Symbolique ne signifie ni « nulle », ni « virtuelle » mais rejoint ce que Jean-Paul Sartre nommait la violence « inerte » des institutions. Pierre Bourdieu a largement développé cette idée dans son ouvrage « La reproduction », coécrit avec Jean-Claude Passeron. Leur objectif était de montrer comment le système scolaire, en imposant une culture dominante, culture familière aux classes supérieures, exerce une grande violence sur les enfants des classes populaires qui la considère comme difficile d'accès et passent leurs années d'études à intérioriser le fait qu'ils ne sont pas capables de réussir aussi facilement que les « héritiers » des milieux privilégiés. Car ces derniers ont incorporé la culture savante dès le plus jeune âge et vivent leur parcours scolaire comme un prolongement évident de leur socialisation familiale. Pour le dire plus simplement encore, ils se sentent comme chez eux à l'école, ce qui n'est pas le cas des enfants des classes dominées. La violence exercée sur eux vient du fait que l'école finit par rendre « naturelles » des différences qui sont en réalité « sociales » ou socialement construites. Ce qui est violent, c'est que les victimes de ce système n'ont aucun moyen de défense, sont totalement privés des moyens de lutter contre un système qui les enferme « symboliquement » mais bien réellement dans leur position de dominés.

Monique Pinçon-Charlot et son mari ont largement repris cette notion de violence symbolique pour en faire une caractéristique de l'exercice de la domination des riches sur les pauvres. Je ne peux que renvoyer mon lecteur (qui est peut-être une lectrice) vers les ouvrages de ce couple de sociologues qui aura consacré une vie de recherches à dénoncer les conditions de l'exercice et du maintien de la domination des riches sur les pauvres. Pour revenir à mon propos, je voudrais juste tirer profit de ce concept qui va contre l'idée immédiate selon laquelle la seule violence sociale digne d'intérêt est la violence physique (même si s'intéresser à la violence symbolique n'est aucunement une façon de minimiser l'impact de cette dernière). Car quand on se focalise sur la violence physique, on met le projecteur sur la violence des pauvres, et on finirait par faire croire qu'ils sont les seuls à « nuire » à la société. Certes, c'est bien ainsi que les riches les voient, comme l'étude de Paugam et de ses collègues le montre bien[27]. Et la force des riches est de convaincre l'ensemble de la société que les pauvres sont une menace pour l'ensemble de la société.

Mais comprendre qu'il existe une forme de violence non moins importante, la violence symbolique, qui mérite qu'on s'en préoccupe tant ses conséquences sont réelles et s'exercent puissamment sur les plus faibles, est une façon de rendre aux riches leur part de responsabilité dans la violence sociale. Et ce d'autant plus si on réfléchit au fait que l'exercice de la violence physique par les plus démunis est très souvent la seule réponse qu'ils savent donner à la violence « inerte » mais insidieusement destructrice qui s'exerce contre eux sans qu'ils en aient forcément totalement conscience. Ce constat peut être fait par tout enseignant qui a déjà connu le « pétage de plombs » de n'importe quel « mauvais élève » à la sortie d'un conseil de classe où les gardiens de l'Institution auraient fini de l'étiqueter définitivement comme incapable (de comprendre, de se taire, de travailler, d'être à l'heure, d'être sage, d'être poli, incapable d'« être » tout court, en fait…).

Mais je dois revenir à mon étude des différences sociales. Si ce que je viens de dire est exact, un monde de semblables reste potentiellement plus violent qu'un monde de différents. Car la violence entre différents, nous venons de le voir, est soit feutrée (ou euphémisable) soit canalisable par les dominants. Alors que dans un monde de semblables, la violence n'est pas évitable et ses conséquences doivent aboutir à la « prise de pouvoir » de l'une des deux parties, qui est une mise à mort symbolique ou réelle. On théorise souvent la violence sociale comme le résultat d'un excès d'inégalités mais on se trompe en supposant que celles-ci sont toujours la cause d'une jalousie intense qui attiserait la haine des pauvres contre les riches. Les pauvres ne

---

[27] *Ce que les riches pensent des pauvres*, cité p.105

deviennent collectivement violents que lorsqu'ils sont affamés. Avant d'être le fondateur de l'économie classique, Adam Smith fut professeur de philosophie. A ce titre, il rédigea une *Théorie des sentiments moraux* dans laquelle il analysait les grands sentiments humains : la jalousie, la pitié, l'égoïsme, la sympathie, l'ambition, le mérite… Il avait remarqué que la jalousie et la pitié marchent en sens inverse. En effet, on a pitié des gens qui ont de grands malheurs alors que les petits tracas de nos contemporains nous émeuvent assez peu. En revanche, on est jaloux des petites différences et l'on s'indigne peu des très grandes, que l'on considère comme irréductibles. Si Smith a raison, un monde d'égaux crée plus de rivalités qu'un monde très inégal. Pour revenir à la théorie de René Girard, les inégalités persistantes entre riches et pauvres sont des différences qui nous mettent peut-être à l'abri de la violence qu'engendrerait un monde de semblables. Dans un monde d'inégaux, la violence que les riches exercent à l'encontre des pauvres leur évite de s'entretuer : les pauvres, par leur existence, servent de boucs émissaires utiles pour canaliser la violence des riches, leur évitant ainsi de la retourner contre eux-mêmes.

Les différences sont des limites

Ainsi, les classes moyennes et supérieures devraient remercier chaque matin les pauvres d'exister : car leur différence sociale peut servir de soupape de sécurité face aux pulsions sociales qui viennent de la rivalité mimétique. Les pauvres offrent aux riches, par contraste, une image précise de ce qu'ils sont : des non-pauvres, des privilégiés, des individus qui ont réussi à éviter la relégation aux mauvaises places, des gens différents, en somme, et sans doute meilleurs que la masse des pauvres. Les non-pauvres sont les « braves gens » dont parlait le Révérent Thompson dans notre chapitre deux. C'est une évidence mais il faut la claironner : sans l'existence concrète de gens inférieurs et démunis, l'image de soi des gens ordinaires aurait moins d'éclat. « Quand je me compare, je me console », une fois de plus. On ne saurait remercier assez les pauvres de parvenir à consoler tant de « braves gens »…

Mais cette intrusion dans notre psychisme collectif n'a pas seulement pour but de montrer que les pauvres nous préservent du côté mortifère de l'unité, de la ressemblance de tous avec chacun. Car il me semble que si les pauvres sont un repère social fondamental, c'est aussi parce qu'ils sont du côté de la limite.

Jean-Pierre Lebrun explique que c'est en partie la science qui a permis d'entretenir l'idée que notre monde serait sans limites. Ce que la science peut faire, y compris de pire, elle le fait presque toujours, comme l'a formulé un jour le Nobel de physique Dennis Gabor. Chaque jour nous confirme la pertinence de cette Loi de Gabor, à travers la diffusion des produits chimiques aux effets destructeurs sur les espèces vivantes, les accidents technologiques majeurs comme Fukushima, l'utilisation des armes chimiques ou les millions de morts sur les routes. La technique ne connaît comme limite que celle qu'on lui donne. Or, au nom du progrès et de la liberté, elle refuse à peu près toutes les limites qu'on envisage de lui imposer. La science, comme l'instinct prédateur des riches, n'a pas de limites, et c'est pour cette raison que les riches s'appuient si souvent sur elle.

L'analyse de Jean-Pierre Lebrun pose le père comme « limite » au désir de fusion des mères, une thèse absolument indémontrable comme le sont la plupart des analyses proposées par des psychanalystes, mais qui n'en reste pas moins intéressante, même si l'on pourrait aisément lui opposer une vision des femmes comme « limite » au désir prédateur des hommes. Ou au désir des hommes de transgresser les limites. C'est tout le sens des mouvements observés en 2017 dans lesquels de nombreuses femmes ont décidé de dire « stop » aux agressions et harcèlements exercés par des hommes sans limites. En vérité, la richesse même de la différence sexuelle vient de la capacité de chaque sexe à se poser comme « limite » aux débordements de l'autre. Et si je m'intéresse à cette analyse, c'est pour affirmer que, ici comme ailleurs, la différence est toujours une limite.

En outre, les pauvres me semblent être, par leur mode de vie, du côté de la limite bien plus que de celle de l'absence de limites. D'abord matériellement, ils font chaque jour l'expérience du rationnement matériel, qui est la première limite de notre société de consommation. Il est très difficile de devenir supérieur aux autres et de rêver de toute puissance quand toute notre éducation nous apprend qu'on ne peut pas tout avoir.

Dans *Survivre au développement*, Serge Latouche confirme l'analyse de Marshall Sahlins en rappelant combien d'experts de la Banque Mondiale ont buté sur les limites que s'imposent les sociétés non développées à elles-mêmes. Ainsi, les crédits proposés pour l'agrandissement des cheptels dans certains pays d'Afrique se heurtent parfois à l'incompréhension des paysans qui ne voient pas pour quelle raison ils augmenteraient leur charge de travail au-delà du seuil de satisfaction de leurs besoins élémentaires. Cette limite, que les peuples considérés comme pauvres imposent à nos sociétés abondantes, remet radicalement en cause l'idée même de développement comme le rappelle Serge Latouche en citant Galbraith : *« Ce qu'on appelle le développement économique consiste largement à imaginer une stratégie qui permette de vaincre la tendance des hommes à imposer des limites à leurs objectifs de revenus, et donc à leurs efforts »*. L'une de ces stratégies est celle du crédit qui permet de consommer immédiatement des richesses accumulées dans le futur.

« L'âge des limites » revendiqué par Serge Latouche, nécessite le retour à une consommation limitée, ce qui signifie le refus de l'idée indéfinie de croissance, imposée par les élites qui tirent profit de l'accumulation du capital. Les dérives de la société sans limites rejoignent en fait celles dénoncées par les écologistes. Car ce sont les riches, comme nous l'avons vu avec Hervé Kempf au chapitre précédent, qui menacent la planète en dépassant sans cesse les limites connues de la production ou de la technologie. Et les riches n'ont plus la créativité si caractéristique de ceux qui manquent de tout. Car à bien y regarder, c'est du manque que naît l'imagination. Tout ce que l'humanité a inventé de plus étonnant, ce fut parce que quelque chose manquait. Nos sociétés riches, repues jusqu'à la nausée de tout ce qui peut combler nos vides matériels et existentiels, n'ont plus aucune imagination, et même pas celle de leur disparition probable. L'état de manque donne une énergie que n'ont pas les gens rassasiés. Il nous manque sans doute de

« manquer de quelque chose », là où nous pourrions puiser les forces et les capacités d'invention nécessaires pour sortir du monde mortifère que nous avons laissé se construire malgré nous. Ce monde épuisé, éreinté, va faire payer aux générations futures la croissance sans limites des biens et des produits financiers.

Passées ces limites, nos tickets ne seront plus valables…

Les folies spéculatives du XXIe siècle, la croissance monétaire et les bulles massives d'endettement n'ont en effet servi qu'à ça : effacer les limites. Elles ont bâti des fortunes qui dépassent toute mesure : celle de l'entendement, celle de la décence et celle de la possibilité de profiter pleinement de tels revenus. Que l'homme ait besoin de jouer avec les limites pour se connaître et pour se construire est une évidence, comme l'enfant teste et éprouve la résistance de l'autorité parentale, mais cela ne veut pas dire qu'il faille faire disparaître les limites. Car un tel projet ne peut que rendre fou, dans la mesure où la vie est par nature limitée dans tous ses aspects et au final par la mort. Effacer les limites est même destructeur car ce sont elles qui permettent à l'homme de ne pas aller trop loin, même quand il serait possible qu'il y aille. Les « affaires » sexuelles de DSK ou de Harvey Weinstein ont rappelé aux gens ordinaires qu'il existe un milieu privilégié où l'on se croit tout permis, où le plaisir vient du franchissement permanent des frontières de la morale et de l'effacement définitif de certaines limites légales. Peu de pauvres connaissent une telle situation sauf peut-être lorsqu'ils se laissent sombrer dans la déchéance, par la consommation d'alcool ou de stupéfiants, surconsommations qui les obligent à faire tomber les limites morales qui tiennent encore debout tous les autres.

Il est fréquent que dans les classes moyennes et supérieures on critique le conservatisme des pauvres, souvent plus attachés que d'autres au modèle patriarcal, par exemple. Le conservatisme populaire est considéré par les classes supérieures comme le signe d'un « retard » éducatif dont beaucoup d'enseignants tentent de sortir leurs élèves les moins privilégiés. Il me semble qu'un jugement trop rapide sur ce que signifie ce conservatisme est une erreur. Les pauvres, on l'a vu, aiment le peu de liberté qu'on leur offre. Mais ils savent combien ils sont limités dans l'exercice de celle-ci. Et curieusement, cette expérience quotidienne de la limite devrait servir de modèle à ceux qui pensent à tort que les limites sont faites pour être abolies, alors qu'elles sont là pour nous permettre de voir jusqu'où l'on peut *ne pas* aller.

Il serait urgent que notre monde retrouve le sens de la limite. Malheureusement, on ne peut promettre aucun plaisir immédiat à ceux qui se soumettent aux contraintes du monde. Mais ceux qui prônent la jouissance sans limites mèneraient le monde à la dépression si on les laissait faire. A l'inverse, il y aurait dans le retour de la *connaissance de nos limites* la possibilité de construire un monde vivable dans lequel on pourrait exercer l'une de nos plus belles capacités humaines : celle qui consiste à partager le peu (relatif dans un pays aussi riche que le nôtre) que l'on possède.

Les riches ne cessent de s'émerveiller de la solidarité que l'on observe souvent chez les membres des sociétés les plus démunies. Mais il serait inenvisageable de retrouver un tel souci de la solidarité, qui donne sens à nos existences, tant qu'il est possible pour chacun de s'enrichir *sans limites*, et *a fortiori* en le faisant aux dépens des autres. La solidarité vient de la différence et de l'incomplétude, pas des possibilités d'assouvissement infini de nos désirs.

La folie dans laquelle plonge notre humanité, en résumé, ne vient pas de l'envie des pauvres de s'enrichir un peu, mais de celle des riches de s'enrichir toujours plus, au-delà de toute limite raisonnable. Voilà en quoi la différence que proposent les pauvres à leurs concitoyens peut véritablement être vue comme une richesse. Car non seulement ils nous permettent d'exercer nos sentiments les plus fraternels, la compassion et la pitié, mais parce qu'ils nous rappellent que notre enrichissement n'est qu'une illusion dangereuse, un grand trip de drogués qui pourraient un jour ne pas se réveiller d'une excessive envie de dépasser les bornes.

Merci les pauvres, mais merci aussi…

Louis Chevalier, pour *Classes laborieuses et classes dangereuses* (rééd. Perrin, Tempus, 2007)

Claude Grignon et Jean-Claude Passeron, pour *Le Savant et le populaire* (Points, 2015)

Françoise Héritier, pour M*asculin/Féminin I-Penser la différence et II-Dissoudre la hiérarchie* (Odile Jacob, 2012)

Serge Latouche, pour *L'âge des limites* (Mille et une nuits, 2012) et *Survivre au développement* (Mille et une nuits, 2004)

Jean-Pierre Lebrun, pour *Un monde sans limite* (Erès, 2009)

Claude Levi-Strauss, pour *Race et Histoire* (Folio, 1987)

Monique Pinçon-Charlot et Michel Pinçon, pour *Sociologie de la bourgeoisie* (La découverte, 2016) et *La violence des riches* (La Découverte, 2014).

Adam Smith, pour *Théorie des sentiments moraux* (rééd. Rivages, 2016)

Chapitre Sept

Les pauvres sont des inadaptés ordinaires

- Et toi, elle est où ta place[28] *?*

Quel que soit l'angle sous lequel on les observe, les pauvres partagent bel et bien une même caractéristique qui les distingue des autres : ils ne vivent ni en fantasme ni concrètement le sentiment de la toute-puissance. De leur travail, quand ils en ont un, à leur vision du monde, tout est restreint, borné par quelque chose.

La toute-puissance promise par notre société économique et technologique est ce qui leur échappe le plus, alors qu'elle entretient chez une minorité d'individus le sentiment d'être véritablement les maîtres de leur existence, et souvent même les maîtres de l'existence des autres.

Plus les individus ordinaires perdent la possibilité de maîtriser leur existence plus ils rejoignent et alimentent l'armée des pauvres, armée sans chef et sans armes, pure chair à canon dont la seule utilité est d'enrichir ou de justifier l'existence des privilégiés. Définis de cette façon, les pauvres ne s'opposent pas aux riches mais aux puissants, ou plus précisément à ceux qui vivent dans le fantasme de la toute-puissance, de l'absence totale de contraintes.

Dans son projet politique, Marx n'était donc pas du côté des plus démunis, des impuissants mais des puissantes masses productrices que représentait la classe ouvrière émergente. Pourtant, de nombreux militants communistes romantiques, ceux qui rêvaient de lendemains qui chantent, et qui ne furent pas les plus responsables des dérives totalitaires de cette idéologie, pensaient sincèrement mobiliser leur énergie au service des « petites gens », des plus démunis. On les retrouve encore de nos jours actifs auprès des « sans », les impuissants de la société postmoderne. C'est ce même aspect du communisme qui a séduit une frange des catholiques, ceux dits « de gauche », pour lesquels le véritable message des Évangiles est la fraternité avec ceux qui n'ont rien. Mais c'est là un

[28] *Ressources humaines*. Laurent Cantet. 1999

détournement de l'idéal communiste fondateur : celui du marxisme comptait lever une armée, puissante de sa capacité à construire le monde, par sa force de travail, contre les oisifs stériles de la bourgeoisie, dont les marxistes reprochaient surtout que leur puissance ne soit mise qu'au service d'intérêts égoïstes. Le marxisme, à dire vrai, n'est pas par nature du côté des inutiles au monde…

Pourtant, c'est du côté de l'aliénation que la pensée marxiste aurait dû trouver son véritable prolongement, plus que dans les notions de dictature du prolétariat ou de lutte des classes. L'aliénation désigne la dépossession de l'individu : perte de ses forces, de son esprit, de sa propriété. Cette notion recouvre un phénomène réel qui finit par rejoindre la situation de pauvreté telle que j'en ai fait le tour. Non-maître de sa vie, le pauvre est l'aliéné absolu. Il est même précisément ce que l'on appelle de nos jours un handicapé.

De l'inadaptation au handicap

Une loi de 2005 a défini la situation de handicap de la façon suivante : c'est une *« limitation d'activité ou restriction de participation à la vie en société »*. Pour le professeur Philippe Wood, c'est ce qui empêche un individu *« d'accomplir un rôle social normal »*. Or si l'on considère que la norme est celle de la toute-puissance technique et de l'efficacité maximale, on doit considérer que de plus en plus d'individus sont empêchés de se conformer à une telle norme.

Certes, le handicap est un empêchement « objectif » d'y parvenir, car il provient d'une déficience, ou d'une *« altération substantielle, durable ou définitive d'une ou plusieurs fonctions physiques, sensorielles, mentales, cognitives ou psychiques »*, comme le dit la loi française. Mais l'Organisation mondiale de la Santé précise bien que le handicap *« n'est pas simplement un problème de santé »*. Pour cet organisme, *« il s'agit d'un phénomène complexe qui découle de l'interaction entre les caractéristiques corporelles d'une personne et les caractéristiques de la société où elle vit »*. Si l'on veut bien admettre, avec la loi française, qu'il ne s'agit pas que de caractéristiques « « corporelles », on se trouve là face à ce qui définit une *inadaptation*. Or notre système productif, en ne récompensant que ceux qui sont conformes aux valeurs dominantes et qui peuvent mobiliser toutes leurs capacités en ce sens, crée tous les jours des inadaptés, des handicapés, donc des pauvres.

Robert Castel, en étudiant les protections accompagnant le salariat, constatait qu'une société regroupe des *« individus qui ne trouvent ni en eux-mêmes ni dans leur entourage immédiat, la capacité d'assurer leur protection ».* Or plus notre société nous met en concurrence avec les plus performants d'entre nous, plus elle nous « insécurise » et nous appauvrit. En ce sens, comme l'avait très bien compris Albert Jacquard, c'est la concurrence qui crée la pauvreté, alors que la coopération nous rend à nouveau maîtres d'une partie de notre existence et en ce sens nous éloigne de la pauvreté. Ce n'est pas seulement pour se consoler que les individus des classes populaires reproduisent le cliché d'un groupe fraternel et chaleureux. C'est pour retrouver des forces.

L'individualisme contemporain rend les pauvres aussi isolés que les riches, mais avec des conséquences bien plus douloureuses pour les premiers que pour les seconds. La solidarité et la coopération ont donc relativement plus d'importance chez les pauvres car elles sont une condition suffisante pour tenir le coup. Ce qui explique pourquoi enrichir un pauvre ne lui permet pas nécessairement de sortir de sa condition.

On peut ici s'appuyer sur le travail de Serge Paugam qui distingue trois formes de pauvreté. La pauvreté intégrée (celle des pauvres qui vivent dans des milieux solidaires) ; la pauvreté disqualifiante (celle des exclus du travail) ; et la pauvreté marginale (celle des inadaptés au système). Ma définition de la pauvreté recouvre cette dernière catégorie, que je crois destinée à s'accroître et à ne plus être si marginale que cela. Car plus les inégalités croissent, plus les exigences de productivité, de compétitivité et de sélection s'imposent, plus augmente la masse des individus qui ne sont pas vraiment capables de suivre les normes de performance du système. Si l'élitisme est marginal et a vocation à le rester, ce n'est pas le cas de la pauvreté au sens où je l'entends.

Mais revenons plus précisément sur la notion de handicap. De la même façon que les pauvres renvoient aux riches, par contraste, une image flatteuse d'eux-mêmes, le système productif–performant ne peut exister que s'il existe un grand nombre d'inadaptés. Dans une société où nous serions tous des héros invincibles, la guerre due à la rivalité des egos serait sans pitié et ne ferait aucun vainqueur. Pour pouvoir prétendre à la première place il faut admettre et faire en sorte que les autres places, subalternes, soient laissées à de moins chanceux ou de moins méritants. Ce qui nous ramène à la question posée au début de cet essai sur l'image sociale que l'on se fait des pauvres. S'ils sont de simple malchanceux, ils sont des handicapés, au sens exact. Ils sont porteurs d'une déficience dont ils ne sont pas responsables et qui les empêche d'atteindre les objectifs de vie idéale proposée par la société, ou même simplement de rentrer dans une norme moyenne de vie socialement acceptable. Or c'est cette inadaptation qui permet à tous les autres de se sentir puissants.

Personne n'a encore pris la mesure du constat suivant : la maigre place donnée aux personnes handicapées dans notre système concurrentiel est la preuve évidente que notre société est non seulement injuste, mais qu'elle fonde sa légitimité sur cette injustice fondamentale, inévitablement présente entre les individus. En réalité, le peu de cas que l'on fait des handicapés est selon moi la preuve flagrante que notre inconscient collectif a parfaitement senti les dangers *pour l'organisation globale du système socio-productif* qu'il y aurait à simplement essayer de donner aux handicapés et aux inadaptés la place qu'ils méritent.

Le mérite : en finir avec un mensonge

Il est temps, en effet, d'aborder clairement la question du mérite. Puisque mon lecteur aura compris que l'explication de la pauvreté *par la paresse* n'a aucun sens pour moi, il n'y aurait donc de pauvreté que *par l'injustice*. Mais de quelle justice parle-t-on ? Le principe de justice dominant dans notre société est celui du *mérite* qui accompagne *l'égalité des chances*. Or, cela fait un moment que les sociologues ont réglé leur compte à ces deux « fictions nécessaires », comme les nomme François

Dubet[29]. Je manque de place pour convaincre mon lecteur que personne ne peut mériter ce qu'il a (ou n'a pas) reçu en héritage, mais je le renvoie aux analyses développées depuis Pierre Bourdieu.

Quelles que soient les nombreuses critiques, souvent légitimes, que l'on a pu faire à ce sociologue, on lui doit de disposer désormais d'une quantité phénoménale de données quantitatives qui montrent comment les différentes formes de capital qu'il distinguait (économique, relationnel, culturel et symbolique) se transmettent d'une génération à l'autre. Ce mécanisme d'héritage est absolument inévitable et même les enfants de terrassiers ou d'infirmières sont mieux placés que les autres pour réussir dans la profession de leurs parents, sans que cela ait quoi que ce soit à voir avec le destin. Cela explique l'impuissance de nos institutions, et de l'école en premier lieu, à offrir à chacun la possibilité de choisir sa place dans la société, comme le montre très bien Marie Duru-Bellat dans *L'inflation scolaire*. Selon elle, la méritocratie est *« avant tout l'idéologie par laquelle les groupes les plus diplômés cherchent à justifier leur accès aux positions sociales les plus rémunératrices, sans que la justice ou l'efficacité y gagnent »*. Une fiction, finalement, mais qui permet de pousser chacun à faire de son mieux pour mériter sa position. Une fiction nécessaire, donc, si l'on veut que chacun donne son maximum pour maximiser ses récompenses. Les autres, ceux qui n'ont pas travaillé suffisamment (puisqu'ils n'ont pas réussi), sont des paresseux qui méritent leur position sociale dévalorisée.

Par combien d'enseignants ai-je entendu dire qu'il est « inacceptable » qu'un élève ne fasse pas son maximum, puisqu'eux-mêmes et tant d'autres l'ont fait avant lui ? La peur panique qu'on puisse *ne pas inciter* les individus à se dépasser (donc à servir un système qui repose sur la compétition) est présente même chez les plus humanistes de nos contemporains. Il y a certes quelque chose d'injuste à envisager de ne pas féliciter la personne qui a fait des efforts pour obtenir ce qu'elle voulait. Le problème est que la promesse démocratique de la réussite comme récompense de l'effort ne peut plus être tenue

[29] Cité par Marie Duru-Bellat dans *L'inflation scolaire* (Ed. Seuil).

pour un trop grand nombre de personnes, alors qu'elle l'a été pour la génération d'après-guerre qui a profité de la création massive d'emplois qualifiés. On peut le regretter amèrement, mais c'est ainsi. Désormais, chacun n'a que ce qu'il hérite et non pas ce qu'il mérite. Un héritage qui ne vient pas seulement de sa famille, en réalité, car dans une société médiatique et individualiste les héritages sont divers et éclectiques. Mais ce qui n'est pas hérité est de plus en plus rarement acquis.

Même un philosophe comme John Rawls, moins soupçonnable que Bourdieu et ses disciples d'écrire sous l'influence du marxisme, validait une telle analyse. Il écrit : *« Nous ne méritons pas notre place dans la répartition des dons à la naissance, pas plus que nous ne méritons notre point de départ initial dans la société »*. Oui, certes, mais il y a tout de même des gens qui font plus d'efforts que d'autres pour perfectionner leur talent, non ? Rawls le sait, mais il n'y voit pas plus de mérite : *« Avons-nous un mérite du fait qu'un caractère supérieur nous a rendus capables de l'effort pour cultiver nos dons ? »* Sa réponse est très claire : *« Un tel caractère dépend, en bonne partie, d'un milieu familial heureux et des circonstances sociales de l'enfance que nous ne pouvons mettre à notre actif »*.

Cette façon d'envisager le mérite est la seule qui permette de donner une véritable importance sociale à ceux qui ont essayé mais n'ont pas réussi. En effet, les sociétés méritocratiques ne récompensent qu'après coup ceux qui ont réalisé des efforts, lorsque ceux-ci ont porté leurs fruits. Tous les autres, ceux qui ont essayé et n'ont pas réussi, et bien sûr tous ceux qui voulaient mais n'avaient aucun talent pour réaliser quoi que ce soit, tous ceux-là doivent se contenter de la seule reconnaissance que la société peut leur offrir en compensation, et que l'on nomme la compassion. Lorsque l'on parlera du regard « humaniste » sur la pauvreté, il faudra garder en tête qu'il est en grande partie la condition de l'existence du discours méritocratique. Dans cette optique, on comprend mieux qu'il soit tout à fait possible (et même très fréquent) d'être politiquement libéral et profondément croyant. On peut d'autant mieux dire que chacun n'a *que ce qu'il mérite* que l'on est disposé à plaindre de tout notre cœur ceux qui n'ont récolté que des échecs. Les valeurs religieuses servent non seulement à aider les pauvres à supporter leur condition mais à aider les partisans du mérite à porter un regard bienveillant sur ceux qui échouent.

Il découle de cette analyse du mérite que les pauvres sont pauvres en raison de l'injustice qui consiste non pas à leur refuser ce qu'ils mériteraient d'avoir par leur travail ou leur talent (ce qui rejoindrait finalement l'explication par la paresse, qui ne récompense que les plus productifs) mais parce que la société leur refuse tout simplement d'être à égalité de reconnaissance avec tous les non-pauvres.

Si personne ne mérite, tout le monde mérite !

Malheureusement, la personne handicapée qui ne peut pas produire, qui achète n'importe quoi (alors que le consommateur du modèle économique libéral est évidemment un puissant calculateur rationnel que l'on ne berne pas comme ça...), cet individu qui n'a pas d'ambition ou de volonté de puissance prédatrice, cette personne-là est le meilleur complice du producteur-consommateur-prédateur *tant qu'il laisse à ce dernier le droit de lui voler sa place.* Si par un renversement inimaginable, la personne handicapée trouvait la force de refuser la place de relégation dans laquelle on la maintient, en exigeant non pas une simple reconnaissance mais une véritable place, identique à celle des autres, alors tout le système s'écroulerait comme un château de sable à la marée montante.

Il n'est pourtant pas insensé de se dire que le pauvre ou l'inadapté ont le droit de prétendre comme n'importe qui d'autre à une part égale de la richesse créée : des penseurs aussi libéraux que Rawls sont déjà arrivés à de telles conclusions, avant que celle-ci soit aseptisée par tous les gouvernements sociodémocrates du monde qui se contentent de tolérer les pauvres et les handicapés sans jamais envisager que leur place puisse valoir celle d'un valide, surtout s'il est en situation dominante. Et comme le système ne mesure nos existences qu'à la hauteur de notre productivité, il suffit de s'appuyer sur la conviction commune selon laquelle le faible est moins productif que le fort pour justifier cette inégalité fondamentale. Cerise sur le gâteau : figée par son handicap ou par ses déficiences, la personne handicapée sera la dernière à trouver la force de protester contre cette aliénation à laquelle on la condamne. Car si elle avait une telle force, elle ne serait déjà pas aussi pauvre et impuissante qu'elle l'est aujourd'hui.

Leur situation est souvent comparée à celle de l'enfant, handicapé provisoire de la vie. Mais la comparaison est trompeuse. Je fais partie de ceux qui ne voient pas dans l'infériorité enfantine une injustice qu'il faudrait réparer, mais au contraire une situation privilégiée qui justifie que la société profite de ce moment où les individus n'ont pas besoin d'avoir de pouvoir ni d'être reconnus à égalité, pour leur transmettre les moyens de se construire et de développer leurs capacités. Les handicapés et les inadaptés ne sont pas assimilables à des enfants, car beaucoup d'entre eux ne sortiront jamais de leur condition. Assez paradoxalement, ce n'est pas pour autant qu'ils doivent être traités avec condescendance comme des sous adultes infériorisés. Ils sont nos égaux dans la possibilité qu'ils devraient avoir de pouvoir profiter *comme ils peuvent* des richesses de ce monde. C'est ce que Amartya Sen aura défendu comme philosophie toute sa vie, en mettant en avant (et ce n'est pas un hasard compte tenu de ses origines indiennes) le handicap comme la première des injustices. Car c'est bien le handicap, plus que le sexe ou la couleur de la peau, qui empêche le plus de devenir maître de son existence et de développer ce que Sen nomme nos « capabilités ». Il rappelle que les handicapés physiques et mentaux sont doublement handicapés, car à leur handicap social (leur faible « aptitude à gagner un revenu ») s'ajoute le handicap personnel lié à leur « difficulté à convertir revenus et ressources en bien-vivre, précisément en raison de leur invalidité ». Mais si je me refuse à hiérarchiser les handicaps, et si je reste dans une définition « large » du handicap, ce n'est certainement pas pour minimiser les difficultés de ceux qui sont objectivement empêchés de vivre une vie qui leur convienne : c'est parce que je veux insister sur l'augmentation du nombre de ceux qui, d'une façon ou d'une autre, insensiblement mais inéluctablement, vivent une vie d' « inadapté social » sans que l'on puisse affirmer sans conteste qu'ils en portent la pleine responsabilité.

Il faut bien comprendre à quel point notre système technico-productif trouve matière à se développer sur notre aliénation et notre appauvrissement. Moins les individus peuvent se prendre en charge eux-mêmes, plus ils vont devoir s'adresser à une aide extérieure. Dire que l'intervention de l'État est *la cause* de la montée de l'individualisme, comme le font de nombreux libéraux, est une façon assez malhonnête de retourner le problème. Historiquement, l'Etat a pris en charge la solidarité collective que les groupes d'intégration primaires (pour parler comme les sociologues) n'assumaient plus vraiment. De toute façon, une société démocratique libérale crée de l'individualisme comme le fait la technique en générant un fantasme de toute-puissance. L'Etat n'y est pas pour grand-chose. Il peut éventuellement aggraver ou freiner cette tendance. Or plus l'individualisme se développe, plus les individus cherchent aussi de l'aide auprès des marchés, puisque l'État ne peut pas prendre en charge « toute la misère du monde » pour évoquer la malheureuse citation de Michel Rocard. Vivre une vie hors-sol, c'est-à-dire sans plus aucun lien avec les ressources matérielles qui nous donnent la possibilité de satisfaire nous-mêmes nos besoins, c'est vivre dans la dépendance du marché, et des revenus indispensables pour y accéder.

Nous achetons en masse des plats et des gâteaux industriels car nos compétences culinaires ont été aliénées par le système productif. Comme sous l'emprise d'une malédiction divine postmoderne, le capitalisme industriel nous condamne à perdre notre temps pour gagner de quoi acheter les plats que nous ne pouvons plus fabriquer par manque de temps et de compétences ! Il nous faut également acheter une voiture pour nous rendre dans un grand magasin, lequel s'est approprié le fruit du travail des agriculteurs ou des artisans des métiers de bouche. Toutes les surfaces consacrées aux déplacements de ces marchandises qui passent leur temps à aller d'un fournisseur à l'autre par les circuits les plus longs possible ne sont plus disponibles pour que les individus s'y retrouvent et apprennent ensemble à fabriquer ce que l'industrie leur promet d'offrir à un coût très avantageux. Or ces produits payés par notre temps et par notre incapacité croissante à produire quoi que ce soit par nous-mêmes se révèlent de surcroît les ennemis de notre santé, aliénation ultime qui nous contraint à nous tourner vers l'industrie des médicaments et les promesses fumeuses de ceux qui pensent pouvoir réparer par la technologie des dégâts de la technologie.

Voici pourquoi il est essentiel de comprendre la nature profonde de la pauvreté dans le système capitaliste. Notre société crée une forme insidieuse, ultramoderne, de la pauvreté, qui ressemble de près à ce que Tocqueville nommait l'indigence : pas la vraie misère, mais l'absence de capacité à tenir debout tout seul. On reste pauvre tant qu'on n'est pas pleinement conscient de nos compétences et de leurs imperfections, et du meilleur usage possible que l'on peut faire de celles-ci pour réussir sa vie.

Nous méritons tous d'être reconnus !

Paradoxalement, il est tout à fait possible de s'appuyer sur l'individualisme pour sortir les pauvres de leur situation. En effet, il apparaît que parmi tous les besoins qui s'expriment librement dans les démocraties, celui qui prend le plus de place désormais est celui de la reconnaissance. Les technologies d'Internet et la transmission des images n'ont pas créé ce besoin : elles l'alimentent. Ceux qui sont entourés de regards suffisamment aimants et reconnaissants se dispensent volontiers de s'afficher sur la place publique ou dans les médias. Mais la promesse de reconnaissance est une promesse d'amour sans limites. Et cette absence de limite là s'additionne aux autres pour créer des individus perpétuellement dans le besoin.

En sociologie, la théorie de la reconnaissance est en train de fédérer de nombreuses analyses autour de la place de l'individu dans la société. Axel Honneth, théoricien allemand de ce nouveau courant théorique prometteur, se demande si le marxisme n'était pas avant tout porté par une volonté de reconnaissance des classes laborieuses. La dimension « globalement positive » de l'idéologie marxiste en France aurait alors été d'avoir un temps offert aux ouvriers une fierté qui leur était étrangère[30], mais qui leur fut de nouveau enlevée lorsque la société bascula dans la post modernité.

On peut sans doute également trouver dans le besoin de reconnaissance individuelle l'explication de la stabilité de la cellule familiale, stabilité paradoxale à l'heure où se maintiennent les divorces et où il est toujours aussi difficile de vivre en couple autrement que dans un partage des tâches asymétrique. La capacité de la famille de « reconnaître » fondamentalement ceux qui la constituent, depuis l'acte fondateur de la famille qui consiste pour les parents à reconnaître leurs enfants, jusqu'à la reconnaissance que les enfants expriment à l'enterrement de leurs parents, en passant bien sûr par la reconnaissance de l' « autre » que l'on a choisi parmi une multitude d'êtres différents, est ce qui a permis l'adaptation aux exigences postmodernes de cette institution sociale que l'on croyait au service exclusif de l'autorité patriarcale. Et si la stabilité de la structure familiale ne s'expliquait pas avant tout par cette reconnaissance qu'elle offre à tous ?

Et si les revendications citoyennes, identitaires, corporatistes ou autres, qui s'adressent de façon permanente et de plus en plus insistante à l'État n'étaient que l'expression d'une formidable envie de reconnaissance ? Comme cette demande qui s'adresse aux enseignants, aux supérieurs hiérarchiques, aux nouveaux pères, aux coachs et aux psys qui les incarnent tous.

Mieux encore : et si tous les actifs super-performants, avides de richesse, capables d'écarter avec violence toute personne qui ferait obstacle à leur réussite sociale n'étaient pas simplement en manque fondamental de reconnaissance ? Et s'ils ne créaient de la pauvreté que sous l'aiguillon de la seule peur viscérale d'y sombrer et de ne jamais plus pouvoir en sortir ? Un élève sportif, champion national de sport de combat, m'a convaincu un jour au cours d'un débat sur « la concurrence, l'émulation et la compétition » que seuls ceux qui manquent de confiance en eux cherchent la mise en concurrence permanente. Les autres

---

30 Précisons que l'alien, en anglais, désigne l'étranger, et qu'être aliéné est justement être étranger à soi-même.

luttent contre autre chose, mais certainement pas contre des concurrents ou des ennemis.

Il fallait arriver à ce point là de notre réflexion pour comprendre qu'il est possible de régler le problème des pauvres. Non pas en les transformant en riches prédateurs, ce qui n'est ni faisable ni souhaitable, comme on l'a vu. Un monde de surhommes prédateurs courrait droit à sa perte, et deviendrait une arène de gladiateurs filant crânement vers la mort. On peut en revanche régler nos problèmes de pauvres en se rendant maître de nos vies et en surmontant nos problèmes de handicapés.

Pour cela, quelques directions peuvent être empruntées. Reconnaître chacun *pour ce qu'il est* serait un premier pas, et consisterait déjà en une avancée considérable.

Certes, je l'ai dit, nos sociétés ont besoin de différences, qu'elles transforment presque immédiatement en inégalités. Dans *La relation à l'autre*, Dominique Schnapper constate amèrement que « Dans nos sociétés démocratiques, fondées sur l'universalité des droits et des devoirs du citoyen, les processus par lesquels se constitue la forme spécifique de l'altérité portent essentiellement sur l'étranger et le pauvre, éventuellement confondus. » Plus loin, elle ajoute que cette différence est toujours un mécanisme d'infériorisation des autres. Elle écrit : « Dans les sociétés modernes, on risque toujours de qualifier de sous-humains, avec toutes les conséquences que cette qualification peut entraîner, ceux qui semblent, par leur destin social, remettre en question la double norme du citoyen et du travailleur ».

Or le vrai défi démocratique à venir est là : est-il possible d'apprendre à vivre avec les différences sans les hiérarchiser ? Si nous n'y parvenons pas, nous verrons croître les inégalités jusqu'au point où elles mettront en danger la stabilité sociale, notamment quand elles menaceront ceux qui ont le plus à perdre, à savoir les classes moyennes. En réalité, je ne suis pas certain que l'espèce humaine soit capable d'intégrer par la simple force de la raison l'idée que les différences de performances *ne doivent plus* être porteuses d'inégalités. Je ne pense pas non plus que le droit, qui dit ce qui doit être, suffise à changer la société, et qu'il ne suffit pas de déclarer les individus égaux pour qu'ils le deviennent un jour. Il nous reste, comme seule issue acceptable, à mettre en place un mécanisme fort symbolisant cette égalité de fait entre tous.

Le revenu universel comme outil de reconnaissance

Cela pourrait être selon moi une sorte de revenu minimum d'existence, autrement appelé revenu social garanti[31]. Il permettrait que chacun tire les mêmes fruits que les autres de sa participation à la vie sociale. Finie l'excuse du handicap et de l'improductivité pour exclure de la richesse une frange massive de l'humanité ! Tout le monde a le droit à la richesse que peut lui procurer notre société. Une richesse qui n'est pas sans limites, puisque nos ressources sont rares. Mais une véritable richesse, à la création de laquelle tout le monde participe plus ou moins directement, chacun selon ses moyens. Il est bien heureux que pour produire tout ce que la vie collective exige, il y ait besoin de tant de talents différents : chacun devrait trouver sa place, sans qu'aucune ne soit meilleure ou plus enviable qu'une autre. La productivité marginale restera le plus gros mensonge que la science économique aura mis un temps au service des puissants. Elle sera remplacée définitivement par la productivité moyenne, la seule dont le calcul est parfaitement indiscutable, et sur la base de laquelle on pourra verser un revenu pour chacun.

Certes, je crains qu'une si bonne idée, qui a largement progressé dans l'opinion publique à l'occasion de la campagne présidentielle de 2017, subisse le même sort que celle de la réforme de la fiscalité, par exemple. En multipliant les modalités de mise en place de ces réformes, les économistes finissent systématiquement par effrayer le citoyen ordinaire qui en vient toujours, découragé par les aspects techniques du problème, par considérer que la solution la plus simple et la plus efficace est encore de ne rien changer. Il est probable que nos sociétés ne se réforment vraiment qu'à l'occasion de crises majeures. Mais le rôle des penseurs est de tenir à la disposition

---

[31] *Le mouvement pour un revenu de base* a été créé en France le 3 mars 2013 et milite en faveur de toutes les propositions allant dans un tel sens (voir www.revenudebase.info).

des décideurs des propositions de réformes possibles à mettre en œuvre en cas d'urgence, comme des outils anti-incendie que l'on irait chercher en brisant la vitre le moment venu.

L'idée du revenu équitable, sorte de redistribution sociale faite à chacun en échange de sa participation à la vie sociale, sur la base de la productivité moyenne, serait un signal qui remettrait chacun sa place. Des places qui seraient enfin décentes, le pauvre n'étant plus cantonné à végéter dans les bas-fonds et le riche comprenant enfin que la société ne lui offre pas plus de reconnaissance qu'à un individu ordinaire.

Certes, il est possible que l'on décourage ainsi une certaine forme d'accumulation de richesses, de la part de ceux qui n'envisagent pas de partager le fruit de leur réussite, et qui fuiront sans attendre vers une société où l'on peut librement accumuler pour soi-même. Mais on ne découragera pas l'excellence, dont je pense qu'elle repose plus sur les ressorts de la reconnaissance symbolique que sur la recherche de réussite matérielle. C'est en tout cas ce que pensait Joseph Schumpeter, le théoricien de l'entrepreneur capitaliste, qui a étudié les caractéristiques des capitaines d'industrie auxquels il attribuait un rôle majeur dans l'évolution du capitalisme. Il déplorait d'ailleurs que l'« intuition » ou le « romantisme des aventures commerciales d'antan » cèdent le pas à la routine des grandes entreprises qui ne recherchent que l'efficacité financière.

Pour lui, la récompense monétaire vient en plus. Ou ne vient pas. Elle n'est pas le moteur de l'action, pas plus celle de l'innovateur que du chercheur. Ceux-ci ne travaillent que pour la gloire, pas pour l'argent. Ou même souvent pour une sorte de récompense personnelle qui est celle d'avoir su dénouer une situation problématique. Le talent et la fortune peuvent coïncider, mais ce n'est jamais qu'une coïncidence. Le rôle de chacun est juste de pouvoir aller jusqu'où il est capable d'aller : certains ne vont pas très loin, voire ne bougent presque pas, pendant que d'autres courent comme des chiens fous vers des objectifs plus ou moins admirables. La seule chose qui importe est que chacun se sente légitime et fier d'être simplement ce qu'il arrive à être.

Une société sans indigents, sans handicapés ni exclus, est une société où chacun fait le maximum de ce qu'il peut faire pour lui-même, avec l'aide des autres, ce qui est très loin du projet qui consiste à *faire faire* par les autres. Le malheureux Adam Smith a vu ses écrits confisqués par de purs marchands mercantiles auxquels il ne reconnaissait lui-même aucune qualité morale particulière. Lui qui philosophait la sympathie comme sentiment le plus noble a été enrôlé comme porte-parole des égoïstes les plus cupides. En théorisant la division du travail, il était juste en recherche d'efficacité productive mais rien dans ses écrits ne s'opposait à ce que l'on préserve la grandeur morale des individus, bien au contraire. Smith plaçait l'éducation dans les fonctions fondamentales de l'État car il craignait que la division du travail ne rende « *aussi stupide et aussi ignorant qu'il soit possible à une créature humaine de le devenir* ».

Il est donc possible de travailler ensemble sans que quiconque s'approprie le travail des autres, sans que le travail soit aliéné ou mal fait, sans prédation sur les ressources rares, sans mépris absolu des limites morales ou du respect des autres, de leurs différences et de leurs incapacités, et sans que l'emporte seulement celui qui s'autoproclame le plus productif. La solution au problème de la pauvreté nécessite avant tout de se débarrasser de l'idéologie qui envahit le monde du travail et détruit à petit feu des milliers d'inadaptés auxquels le système refuse le droit d'être utile.

Car, par définition, comme on l'a vu, la personne handicapée (au sens large) ne peut pas s'adapter à son environnement. La seule façon de lui offrir une place est donc de changer le système productif pour l'adapter à son handicap. Pourquoi ce qui ne nous choque plus pour le handicap physique (créer des infrastructures adaptées) nous gêne-t-il à ce point pour l'inadaptation sociale ? Tout simplement parce que le changement que réclame un tel projet va bien au-delà de l'installation de plans inclinés pour les fauteuils roulants ou d'alertes sonores aux feux tricolores pour les malvoyants. Adapter notre société à toutes les formes plus ou moins aiguës d'inadaptation implique tout bonnement de presque tout changer à la logique de production capitaliste.

Contrairement à tout ce qu'avance le discours libéral individualiste sur la flexibilité et la performance, le travail *doit être par nature* un monde de coopération et de reconnaissance. Ce qui n'est pas une mince affaire comme le savent tous les parents dont chaque enfant exige d'être reconnu toujours « un peu plus » que les autres. Etre « re/connu » nécessite en effet un degré supérieur de connaissance et ce « plus » est ce qu'il y a de plus difficile à « produire » sans mettre en danger la coopération, et donc l'équilibre fragile qui relie les membres d'un groupe entre eux. Il est impossible selon moi d'envisager avancer vers un monde sans pauvres en se privant d'une autorité chargée d'incarner ou de symboliser la reconnaissance que la société doit à chacun d'entre nous. Une autorité qui se chargerait également d'organiser cette solidarité et d'en assumer les conséquences juridiques et financières.

L'Etat n'est pas le problème, il est *une* solution

L'acte de naissance du retour du libéralisme dans nos économies date d'une célèbre citation de Ronald Reagan. Celui-ci déclara en 1981 : « L'*Etat n'est pas la solution à notre problème ; l'Etat est le problème* ». Vingt-six ans de déréglementation plus tard, les pays riches sombraient dans la plus grave récession depuis 1929. La résistance des forces sociales au démantèlement des Etats aura au moins permis que cette crise économique ne dégénère pas en crise sociale ou politique majeure, comme dans les années 30. Seuls quelques irresponsables pensent encore que cette crise n'aurait pas eu lieu si l'on était allé plus loin dans l'effacement de l'action publique. C'est une énormité. Nous savons désormais que ne pouvons pas faire sans Etat, nous ne pourrons plus jamais faire sans Etat... de même qu'il est probable que nous ne puissions pas faire sans les marchés. Les seules vraies questions sur lesquelles on doit discuter d'urgence sont celles des règles de fonctionnement à établir collectivement, pour l'Etat comme pour les marchés. Car ces deux institutions, comme nous-mêmes, ont besoin de limites.

Le projet de disparition des pauvres, si on veut le prendre au sérieux, ne se fera pas sans un Etat légitime (mais un Etat qui ne l'est pas est-il vraiment digne de ce nom ?). Sans une telle institution, les individus sont incapables, pour des raisons psychologiques, d'organiser ensemble leur propre reconnaissance au-delà du cercle de leurs « intimes préférés » (car la famille sait aussi exclure ceux qui refusent ses codes...). L'existence d'un Etat porteur d'un projet volontaire de reconnaissance de tous, et qui irait plus loin que de simples bonnes intentions, permettrait à chacun de devenir maître de son existence sans le faire au détriment des autres. J'irai jusqu'à dire que si l'Etat ne fait pas cela, autant qu'il ne fasse rien, car rien d'autre ne justifie autant son existence.

Je connais parfaitement l'argument libéral si bien mis en forme par Tocqueville dans un célèbre extrait de sa *« Démocratie en Amérique »*. Je ne résiste pas à l'envie de le citer, pour les lecteurs qui ne l'auraient jamais entendu. Tocqueville décrit l'Etat moderne de la façon suivante : *« Au-dessus [des individus] s'élève un pouvoir immense et tutélaire, qui se charge seul d'assurer leur jouissance et de veiller sur leur sort. Il est absolu, détaillé, régulier, prévoyant et doux. Il ressemblerait à la puissance paternelle si, comme elle, il avait pour objet de préparer les hommes à l'âge viril ; mais il ne cherche, au contraire, qu'à les fixer irrévocablement dans l'enfance ; il aime que les citoyens se réjouissent, pourvu qu'ils ne songent qu'à se réjouir. Il travaille volontiers à leur bonheur ; mais il veut en être l'unique agent et le seul arbitre ; il pourvoit à leur sécurité, prévoit et assure leurs besoins, facilite leurs plaisirs, conduit leurs principales affaires, dirige leur industrie, règle leurs successions, divise leurs héritages, que ne peut-il leur ôter entièrement le trouble de penser et la peine de vivre ? »*

Toute la faiblesse (ou la dimension idéologique) du raisonnement tient dans l'expression *« préparer les hommes à l'âge viril »*. Tocqueville, en bon libéral issu d'un milieu aristocratique, suppose que chaque individu est destiné à devenir totalement maître de sa destinée. Car le destin social ne peut pas être de finir pauvre, au sens qui est maintenant celui que je développe, si l'on est libéral. Et les pauvres libéraux sont ceux qui refusent cette humiliation « féminine » qui consiste à demander assistance. Penser ainsi condamne Tocqueville, comme nous l'avons vu au chapitre premier, à envisager comme irrémédiable (ce qui signifie littéralement « sans remède ») la présence de nombreux pauvres dans notre société.

Mais pour les libéraux, le *refus de l'Etat* n'est pas le fruit d'un quelconque raisonnement, ou l'aboutissement d'une réflexion méthodique : il *est l'hypothèse de départ*, puisque les seuls individus dignes de reconnaissance sont ceux qui s'en tirent sans aide autre que celle de leur famille. Ceux qui n'y parviennent pas sont des « enfants », des incapables, des improductifs, des impuissants... ou des femmes. La pensée virile est excluante et dominatrice par nature, ce n'est pas une nouveauté. Je supplie mon lecteur de rapprocher cette dernière remarque des propos que j'ai tenus sur le rôle du Père comme incarnation de la limite, afin de ne pas être tenté de me faire dire que je pourrais le moins du monde envisager comme idéal un monde purement « masculin » ou purement « féminin ». La perfection, si elle existe, passera par le fonctionnement harmonieux des couples qui conjuguent leurs différences. Dans *La transformation de l'intimité*, Anthony Guiddens analyse les rapports les plus intimes que les couples entretiennent et en conclut que le couple est certainement devenu la cellule élémentaire du corps démocratique puisque c'est dans le couple que les individus apprennent en permanence à négocier et à composer avec les différences de celui ou de celle dont on partage l'existence.

Mais le raisonnement que je développe pose également l'Etat comme point de départ de la vie sociale. Il doit l'être car c'est la condition de la reconnaissance et de la survie de tous, sans exclusion. L'Etat n'a pas à nous infantiliser ou à nous faire grandir, et s'il est une puissance, elle n'est pas paternelle, contrairement à ce que dit Tocqueville. Elle doit au pire être parentale, à la fois paternelle et maternelle, bienveillante et élévatrice pour chacun. L'expression française d'Etat-Providence me conviendrait très bien si elle était plus immédiate à saisir par tout le monde (y compris par les plus jeunes).

Quoi qu'il en soit, l'Etat doit prendre la mesure de *nos* besoins, et aucunement nous imposer les siens. C'est la force de la démocratie de permettre que nous puissions choisir la forme (et même le visage) de cette tutelle bienveillante. Et à vrai dire, comme celle-ci ne pourra jamais faire l'unanimité, la vraie force de la démocratie viendra comme toujours de l'alternance de nos représentants. Une alternance qu'il faudrait une fois pour toutes instaurer dans le droit et dans les faits. Les Américains le font avec bien plus d'efficacité que nous, en interdisant à quiconque ayant perdu une élection importante de se représenter plus tard. Même s'ils le font en partie pour une mauvaise raison, celle de l'efficacité qui exclut les perdants, ils permettent aux Américains de se voir représentés par des dirigeants plus divers que chez nous.

Dans un autre domaine, pour aller contre cette absence de limites qui caractérise la société productrice de pauvres, il faudrait évidemment que cessent la production illimitée de monnaie et l'usage nocif du crédit à visée spéculative. Je n'ai pas la place ici de m'étendre sur ce qui est sans doute le fait majeur de notre économie contemporaine, et sans doute son fléau principal, mais il y a là une source essentielle de perturbation et de dérèglement de notre société, une cause majeure d'expansion de la pauvreté et des inégalités, et donc de l'incapacité croissante des individus à lutter contre les forces du marché. Indexer, d'une manière ou d'une autre, la création monétaire sur les indicateurs physiques dont la croissance est limitée (et doit impérativement l'être dans le cas de ressources vitales non renouvelables) serait la meilleure façon de calmer les pulsions inégalitaires de notre système capitaliste. Ce serait aussi la meilleure façon de cesser d'envoyer à tous un signal totalement mensonger sur la possibilité que nous aurions de franchir des limites d'enrichissement qui furent longtemps, et à juste titre, des bornes indépassables alors même que les pauvres possédaient déjà infiniment moins que les plus riches. Qu'on me comprenne bien : demander que l'on supprime la Loterie nationale, la spéculation, ou toute forme d'enrichissement soudaine et démesurée, ce n'est pas tuer LE rêve. C'est tuer une promesse de démesure qui ronge les individus et les empêche de s'intéresser à ce qui pourrait les faire véritablement grandir : je parle de maîtriser leur capacité à avoir de l'importance pour les autres et à être une personne qui compte pour eux. Oui, qui compte, sans limites et sans autre argent que celui qui nous permet de vivre heureux. Car notre seule richesse est de compter pour les autres. C'est tout ce qui compte pour nous, que l'on soit riche ou pauvre.

Merci les pauvres, mais merci aussi…

François Dubet, pour *Les places et les chances* (Le Seuil, 2010)

Anthony Guiddens (traduit par **Jean Mouchard**), pour *Les transformations de l'intimité* (Pluriel, 2004)

Axel Honneth, pour *La lutte pour la reconnaissance* (Folio Essais, 2013)

Joseph Schumpeter, pour *Capitalisme, Socialisme et Démocratie* (Payot, 1990)

Alexis de Tocqueville, pour *De la démocratie en Amérique* (GF Flammarion, 1993)

Conclusion

Les pauvres sont l'avenir de l'Homme...

Si la misère n'existait pas, il faudrait l'inventer[32]

Je n'aurais pas dû écrire ce livre

Je ne voulais pas faire un « éloge de la pauvreté ». Je voulais que ce *« Merci les pauvres ! »* et son point d'exclamation ironique claquent violemment à la figure de ceux qui cautionnent le cynisme de notre société. Ceux qui supportent sans difficulté de voir notre monde nourrir la minorité privilégiée avec les malheurs et l'impuissance de la foule innombrable des inadaptés. Je voulais faire taire à jamais ceux qui produisent les pires discours sur les damnés de la terre alors qu'ils n'ont même pas le courage moral de murmurer un « Merci *aux* pauvres » pour tous les bénéfices qu'ils tirent de leur existence ! Ces pauvres auxquels ils doivent un confort et une assurance de soi que les « considérés-comme-improductifs » ne pourront jamais atteindre qu'en rêves.

Mais me voilà pris au piège de la réussite de ma démonstration et des valeurs qui m'ont construit. Au terme de ce livre, il est indiscutable à mes yeux que les pauvres sont le sel de la terre, qu'ils enrichissent le monde depuis toujours, et pour les siècles des siècles. Serge Latouche affirme qu'*« il semble bien que l'économique ne peut se mettre en place qu'en s'appuyant de façon nécessaire sur la pauvreté »*. Comme nous avons vu que c'est aussi le cas pour le social, le politique, l'écologique et même la morale, il semble bien que notre avenir ne soit pas envisageable sans les pauvres. Tocqueville n'était pas le premier à penser qu'on ne peut pas éradiquer la pauvreté. C'était écrit dans la Bible. Dans le Deutéronome, au verset 15 :11, on peut lire : *« Il y aura toujours des indigents dans le pays ; c'est pourquoi je te donne ce commandement : tu ouvriras ta main à ton frère, au pauvre et à l'indigent dans ton pays »*.

L'un de plus beaux témoignages sur la pauvreté a été écrit par deux journalistes américains. Au cœur de la grande crise des

[32] *Il était une fois le développement.* Serge Latouche. 1986

années 30, ils sont partis faire une étude sur les fermiers pauvres du sud des Etats-Unis. Walker Evans, photographe, et James Agee, alors jeune journaliste, ont vécu dans des familles de métayers en Alabama. Ils en ont tiré un ouvrage d'une humanité poignante, un hommage vibrant aux petites gens qui « ne sont rien ». Tout au long du livre, les longues phrases de James Agee vibrent de sa colère face à « l'état d'infériorité, d'humiliation, de nudité de ces vies… » dont ils rendent compte. Les deux auteurs ont donné à leur enquête le titre d'un verset de la Bible de Luther : « Louons maintenant les grands hommes ». Dans ce texte apocryphe qu'ils placent en exergue de leur enquête, il est dit à propos des « grands hommes », après que soient cités les rois, les prophètes, les poètes et les hommes prospères : *« Et il y en a, dont le souvenir ne s'est pas perpétué, qui périrent, comme s'ils n'avaient jamais été ; et sont devenus comme s'ils n'étaient jamais nés ; et leurs enfants après eux ».* Ces grands hommes-là sont les pauvres. Tout ce que l'on a dit à propos de la modeste place qu'ils occupent était déjà dans ces écrits. Sauf que la Bible des anglicans l'accompagne de louanges : *« Leur semence perdure. Celle de leurs enfants, en leur honneur. Leur semence durera à jamais, et leur gloire ne sera pas effacée. »*

Les pauvres, évidemment, sont la raison d'être du christianisme. Les religieux qui vivent en communauté font vœu de pauvreté. Les prêtres et leurs supérieurs (évêques et cardinaux), comme tous les chrétiens, sont appelés par leur Eglise à vivre la pauvreté évangélique. Mais tous ne le font pas, loin de là. Face aux très rares convaincus qui suivront un Saint François, qu'il soit Pape, Abbé Pierre, petite sœur des pauvres ou curé anonyme, dans leur quête spirituelle basée sur un total détachement des biens de ce monde, peu nombreux sont ceux, même chez les catholiques, qui rêvent de se détacher des richesses matérielles. Car il y a tant de pauvres dans le monde qui rêvent de sortir de leur condition et ne font rêver personne ! Les pauvres eux-mêmes nous donnent toutes les bonnes raisons de refuser la pauvreté. Car leur seule maigre consolation est qu'ils restent les *« bienheureux parmi les bienheureux » :* la société les aime aujourd'hui autant que la religion hier. On sait en effet depuis Nietzsche et Durkheim que la société a pris la place de Dieu dans le cœur des hommes. Dieu a longtemps aimé les pauvres, la société les aimera plus longtemps encore. Le paradoxe de la pauvreté est décidément insoluble : personne ne veut véritablement être pauvre mais tout le monde attend des pauvres qu'ils le restent !

Alors si l'on a tant besoin d'eux que leur présence n'est même plus un problème, que faire ? Que faire de ma révolte, de la colère que j'ai éprouvée un matin d'été en passant devant Pôle Emploi où de nombreux pauvres incapables de décider de leur sort allaient quémander de l'aide à la société ? Une vaine quête puisque la société n'a aucune intention réelle de les sortir de la pauvreté : elle les aime tellement *quand* ils sont pauvres, et *parce qu'*ils le sont ! Les travailleurs immigrés qui occupaient le chantier voisin le savaient, eux qui se trouvaient chanceux de faire un boulot pénible et mal payé, lorsqu'ils se comparaient aux chômeurs sans avenir fixe. Que faire de cette colère née ce jour-là en constatant que ce tableau de la pauvreté ordinaire nous est si familier, depuis si longtemps et qu'il est devenu finalement si supportable ?

Car les pauvres font non seulement partie de notre paysage social mais ils en sont un élément essentiel, à tout point de vue finalement. Pas un aspect de nos vies, comme nous l'avons vu, ne leur est pas redevable de quelque chose. Ils sont *incontournables*, selon un terme en vogue chez les spécialistes de la mode. Ils ont en commun avec les produits-tendance d'être aussi superflus et pourtant aussi essentiels à nos existences. Incontournables et superflus, donc, mais comme une mode qui durerait sans cesse. La vraie mode, c'est ce qui passe, on le sait depuis Gaston Bachelard. Or, cette mode qui consiste à inscrire les pauvres en toile de fond de nos existences ne passe pas.

L'effet que me font les pauvres…

En ce qui me concerne, elle a même de plus en plus de mal à passer. Malgré mon éducation chrétienne, dont on a vu qu'elle aurait dû me permettre de me réjouir de partager mon existence avec les plus aimées des créatures de Dieu, je n'ai jamais réussi à me convaincre que les pauvres sont si bienheureux que cela. De surcroît, je n'ai jamais admis de pouvoir être moi-même heureux à côté de tant d'autres de mes contemporains à qui l'on ne donnerait pas les moyens de l'être. Peut-être finalement que je reproche simplement aux pauvres d'entamer mon propre bonheur, ma vie aisée. Voilà peut-être où se nichait l'ironie de mon titre : dans ce « Merci » exprimé à des gens auxquels je reproche en fait de gâcher mon appétit de vie, moi qui ai toujours eu suffisamment de facilités pour choisir ce que je voulais faire de mon existence, y compris pour ne rien en faire d'extraordinaire, laissant les plus belles places aux ambitions de mes contemporains les plus voraces.

Tel un pur produit de la petite bourgeoisie intellectuelle, j'aurais voulu observer la société comme on regarde pousser les fruits de son jardin : avec la conviction que la vie s'organise selon un principe simple d'harmonie et de plénitude. Mais il n'en est rien. *Et c'est de la faute des pauvres.* C'est leur présence envahissante dans le monde qui m'oblige à constater chaque jour que la société aime moins l'harmonie que les inégalités dont elle se repaît. Et si ma colère ne venait que de là ? D'une illusion d'enfant qui s'évapore.

En effet, je n'aurais pas dû écrire ce livre, parce qu'il me mène à une impasse. Comme je dois désormais admettre l'utilité réelle des pauvres, y compris dans les valeurs qu'ils incarnent profondément et qui sauveront peut-être le monde de sa ruine, je suis condamné à appeler à une paupérisation générale de la société. Or cela serait regrettable que nous soyons tous pauvres car plus personne ne le serait ! Comme nous l'avons vu, c'est *par contraste avec les autres milieux* que les pauvres enrichissent la société. D'ailleurs, les défenseurs des pauvres tombent souvent dans ce piège qui consiste à lutter contre les discours excluant envers les pauvres au nom de la diversité sociale et de la tolérance. Le regretté Albert Jacquard, sans doute marqué par son éducation catholique et par l'importance qu'il donnait à la diversité du monde vivant finissait toujours par aller vers un discours d'acceptation des différences qui, quoi qu'on ne pense, ne pouvait être autre chose en matière de pauvreté qu'une acceptation des inégalités économiques. Puisque les pauvres nous apportent tant au plan spirituel, il n'y a pas d'autre solution que de perpétuer *ad aeternam*, jusqu'à la fin des temps, le système inégalitaire de répartition des richesses dans lequel nous vivons depuis si longtemps. Or, cela aussi, je le refuse !

Au final, c'est bien leur présence physique, concrète, charnelle, leur obstination à exister pour de vrai parmi nous, leur insistance à nous entourer, à nous regarder vivre tellement plus facilement qu'eux, qui fait des pauvres une préoccupation sociale. Le véritable problème que posent les pauvres, c'est que ce sont tous de vraies gens, qu'ils sont extrêmement nombreux dans notre entourage pour peu qu'on sache ouvrir les yeux, et que l'on peut faire trop peu de choses pour leur « éviter » d'être pauvres. Comme tout le monde, je suis bien incapable de faire quoi que ce soit qui peut leur être radicalement utile. C'est d'ailleurs sans doute pour donner l'air de faire quelque chose pour eux que j'ai pris le temps de disserter sur leur existence.

James Agee l'avait déjà écrit mieux que moi : « Puisqu'il en est ainsi, je ferais le peu qui est en mon pouvoir en écrivant. Seulement, ce sera très peu. Les capacités me manquent ; et si je les avais, vous ne vous approcheriez pas du tout du résultat. Car vous ne pourriez guère continuer à vivre si vous vous en approchiez ». A mon tour, avec moins d'humilité et de talent qu'Agee, je me suis emparé des pauvres comme d'un jouet d'étude passionnant, je les ai construits en une catégorie sociologique dont j'ai fait l'analyse comme on le fait pour n'importe quelle grande et belle idée, comme on réfléchit sur Dieu, sur le temps qui passe ou sur les merveilles de la nature…

Mais arrivé au terme de ce livre, il me reste encore et toujours, et peut-être plus que jamais, à assumer cette présence physique encombrante des vraies personnes pauvres auxquelles je n'aurais jamais l'impudeur, l'affront ou l'impudence d'oser crier « Merci ! »

Comment pourrais-je dire « merci » à ce monsieur dont je ne connais pas le nom et auquel je donne parfois une pièce sans y penser, chaque dimanche matin en allant remplir jusqu'à la gueule le caddy de mon supermarché ?

Comment pourrais-je dire « merci » à ces personnes fragiles psychiquement dont je sais les souffrances ou les impuissances mais dont on a décidé, elles et moi, qu'on n'avait pas « les moyens » de vivre ensemble ?

Comment pourrais-je dire « merci » à ces élèves en difficulté dont je ne parviendrai pas, malgré tous nos efforts conjugués, à provoquer une réussite scolaire qui leur donnerait la possibilité d'être plus forts socialement ?

Comment pourrais-je dire « merci » à tous ces gens malades qui attendent chaque jour, chaque heure, que leur corps réponde positivement à un soin ou à un traitement, et qu'il leur rende des capacités dont ils sont injustement privés ?

Comment pourrais-je dire « merci » à ceux qui manquent de tout, en particulier du goût et de la force de s'accrocher à la vie, pour tenir un peu plus longtemps et prendre enfin racine dans un monde qui ne veut pas d'eux ?

Qu'apporteraient tous mes « merci » à ces gens-là ? A quoi serviraient-ils, ces remerciements, sinon à me consoler de la culpabilité qui me ronge de leur servir à rien ? La pudeur, qui va si bien aux pauvres, interdit qu'on leur dise quoi que ce soit, ni en bien ni en mal. La pauvreté, ça se respecte, comme la maladie. Ca impose le silence. Et ça génère une rage triste et muette.

Utiles jusqu'au bout...

Vous ne vous étonnerez plus, arrivé à la toute fin de cette réflexion, si je vous avoue qu'il y a dans cette colère impuissante qu'ils font naître en nous l'ultime leçon que nous pouvons recevoir des pauvres. On peut trouver là leur dernier, quoi que sans doute leur plus important apport à notre société. Car ils sont *ceux grâce à qui* nous comprenons qui nous sommes.

L'intérêt de ce livre ne fut pas de proposer une sortie possible de la pauvreté de masse, et sachez à quel point je le regrette. Mais il fut, je l'espère, de faire comprendre que ce grand mouvement de paupérisation symbolique mondial de nos vies, dans lequel nous nous retrouvons dépassés par des évolutions technico-économiques sans limites apparentes, ne signifie pas que nous devenions des « inutiles au monde ». Bien au contraire. Nous devons désormais, plus que jamais, pauvres et futurs pauvres, pauvres réels et pauvres imaginaires, retrouver le sens et la maîtrise de nos vies, comprendre à quoi et à qui elles servent. Il faut pour cela refuser la hiérarchisation des individus par la productivité (donc en partie par le revenu) et poser dans les faits l'égale dignité de tous par une affirmation collective du caractère indispensable de chacun au bon fonctionnement de notre société et de notre système productif. Alors seulement nous pourrons nous emparer de cette liberté dont nous avons peu à peu perdu les moyens d'user à notre guise, pour décider que le progrès ne peut plus servir à imposer à tant de gens de se résigner à vivre l'existence morose, voire morbide, qu'on veut leur vendre à tout prix.

Mais ce n'est plus chacun d'entre nous qui construira ce monde meilleur vers lequel toutes les espèces vivantes ont toujours cherché à avancer, comme le rappelle Karl Popper dans l'un de ses derniers ouvrages. Ce monde meilleur sera rassurant si nous savons y aller et y vivre à plusieurs. Il faudra pour cela nous placer définitivement *hors de cette compétition* qui est organisée pour la seule efficacité du système et pour l'appauvrissement du plus grand nombre. Une compétition qu'on nous promet de rendre supportable par l'assurance de nous agrandir individuellement à coup de prothèses technologiques. Les prêcheurs du transhumanisme l'affirment avec conviction : la chirurgie nous rendra beaux, nous qui rêvions tant de l'être, la chimie nous rendra forts, nous qui ne le sommes jamais suffisamment, les biotechnologies viendront à bout des attaques que subissent nos cellules, la physique nucléaire nous offrira l'énergie et la puissance qui animeront tout cela. Certaines de ces béquilles, paraît-il, auront même plus de mémoire et d'imagination que nous : nos dieux-ordinateurs[33] sauront tout de notre santé, de notre passé, de nos besoins et de nos désirs profonds, tout cela transpirant de ces heures que nous passons désespérément à « rechercher » le bonheur ou le plaisir en cliquetant sur le clavier de nos ordinateurs. Mais toutes ces prouesses technologiques, aussi fascinantes soient-elles, nous mentent en nous faisant croire que dépasser nos limites nous élève, alors que cela nous déboussole. Si l'on veut sortir de cette compétition mortifère, il faudra avoir *tous* compris que

[33] L'ordinateur tire son nom français de l'expression latine « Deus Ordinator » qui désigne celui qui assure l' « ordre » des choses. Il s'agissait bien sûr chez les scolastiques de Dieu lui-même…

nous étions destinés à être *ensemble* au cœur de ce monde meilleur. Et pas chacun pour soi. Ou il y aura trop de perdants et de perdus.

Il nous faudra donc, qu'on le veuille ou non, retrouver ce qui nous rassemble, ce qui nous relie et qui fait si peur à ceux qui pensent être les créateurs d'eux-mêmes. Je parle de traditions, de famille, de savoirs, d'enseignement, de pratiques écologiques (celles qui nous relient à notre environnement naturel). Je parle même de religions, moi qui les ai toutes abandonnées le jour où j'ai vu combien elles opposaient les communautés entre elles. Mais quand les religions retrouvent leur rôle social premier, celui de relier (*religare* en latin est l'une des origines possibles du mot *religion*) alors elles aident ceux qui se tournent vers elle. Comme le font aussi l'école, la famille, le voisinage, la vie associative ou le groupe d'amis. Emile Durkheim avait compris que la modernité ne tiendrait que si les « organes intermédiaires » restaient nombreux et actifs. Et si le rôle de la famille devait décliner, il en appelait au renforcement des corps de métiers, les corporations. Un siècle plus tard, sans doute est-ce du côté associatif ou dans les communautés locales que se trouvent les corps intermédiaires qui uniront les individus. C'est déjà sur le tissu associatif que Tocqueville faisait reposer la solidité de la démocratie américaine.

Citant l'urbaniste canadienne Jane Jacobs, Jacques Généreux, dans *La Grande Régression*[34], rappelle ce qui caractérise les survivants des civilisations mortes : « ils n'ont pas seulement et irrémédiablement perdu les outils, les techniques, les institutions de leurs ancêtres, mais encore toute idée de ce qui a été oublié, la conscience même de ce qui a été perdu ». Il précise que cette culture, que nous sommes en train de perdre même si elle est enregistrée sur des disques durs (qu'on nomme très justement la *mémoire morte* en informatique) est « un ensemble complexe de savoir-faire intellectuels, manuels et sociaux qui s'acquièrent par l'éducation, l'apprentissage, l'exemple et l'expérience, sans

---

[34] Un livre essentiel pour ceux qui veulent comprendre les désordres de notre société, voir réf. p.21

quoi la somme brute des informations disponibles est presque inutilisable ». Cela implique qu'il faut définitivement cesser de croire et de faire croire que l'homme a pour but ultime de se réaliser individuellement, même avec le soutien bienveillant du marché et de la technologie. Personne ne réalise un tel rêve, même pas les riches qui doivent à leurs ascendants ou à leur entourage les moyens psychologiques et matériels qui sont indispensables pour assumer leur individualisme. Et qui leur donnent, à tort, le sentiment de ne rien devoir à personne.

Ce que les humains se doivent à eux-mêmes

Notre avenir est collectif parce qu'aucun riche n'a jamais réussi seul et parce qu'aucun pauvre ne peut s'en sortir seul. Le poète anglais John Donne l'avait joliment exprimé en 1624 dans un texte resté célèbre qui commence ainsi : « Nul homme n'est une île, un tout en soi ». Joseph Stiglitz en donne une interprétation économique intéressante : tout ce que nous faisons produit des conséquences nombreuses, sur notre entourage comme sur notre environnement. Par conséquent, on peut en déduire que tout ce que nous sommes est le résultat des fortes traces que les autres ont laissées en nous. Or, la plupart de ces conséquences n'ont pas de prix : elles ne donnent pas lieu à une rétribution ou à une indemnisation. Ces externalités, comme disent les économistes, parfois négatives mais souvent positives, sont la preuve qu'aucun individu ne grandit hors-sol, ou hors du monde. Chacun d'entre nous est l'un des fruits du même arbre, il est l'humanité elle-même, disait John Donne dans son texte. Et si le glas sonne pour annoncer la mort de l'un, il sonne pour tous. Par conséquent, aucune pomme ne peut se vanter d'être la plus belle du pommier ; et aucune ne devrait culpabiliser d'en être la plus rabougrie. On juge un arbre à sa récolte, pas à son plus beau fruit.

Le mythe du self-made-man, propagé par les riches, est une fiction qui met les pauvres dans l'impossibilité de s'en sortir et dans la culpabilité de se tourner vers la générosité publique *dont ils auraient dû réussir à se passer*. Or personne ne s'est jamais dispensé du soutien des autres au cours de sa vie, et il n'y a aucune raison d'avoir honte de demander de l'aide, si l'on considère que nous sommes le résultat de ce que les autres nous ont permis (ou pas) de devenir. Il est temps que nous acceptions de rendre collectivement justice à tous ceux qui avaient les qualités pour réussir mais ont échoué quand même. Comme le rappelle Nassim Nicholas Taleb dans *Le Cygne Noir* (Ed Les Belles lettres, 2010), les cimetières sont pleins de gens qui n'ont pas eu la chance des personnes illustres. Pour un qui réussit, combien d'échecs anonymes ? Plutôt que de les punir une deuxième fois en les privant de soutien et de reconnaissance, la société devrait offrir une aide sans condition aux considérés-comme-improductifs. Et la première de ces aides consisterait à leur donner les moyens de s'organiser ensemble pour vivre la vie qui leur convient.

En outre, en démocratie, la seule maîtrise de son avenir par chacun d'entre nous est forcément collective, car elle passe inévitablement par la saisie des lieux de pouvoir. Or les partis politiques, constitués de militants fascinés par la puissance individuelle et porteurs uniquement de dévorantes ambitions personnelles, ne construiront pas, tels qu'ils fonctionnent actuellement, cet avenir sans pauvres que j'appelle de mes vœux. Le simulacre d'intérêt général que nous proposent les candidats qui s'affichent tous « au service de notre pays » doit laisser place à des groupes soudés, convaincus de l'entre-aide qu'ils se doivent, capables de choisir par eux-mêmes leurs conditions de vie et constitués de gens qui expriment leur refus définitif de laisser les autres décider pour eux. Pour sortir de la pauvreté dans laquelle on veut les enfermer.

Notre avenir dépend de la compréhension du monde tel qu'il marche et c'est pour cette raison qu'il fallait analyser d'où vient cette pauvreté qui nous empêche d'être maîtres de nos destins. Ce n'est sûrement pas en crachant sur les pauvres, pas plus qu'en les plaignant, que l'on peut améliorer le monde. Ceux qui les méprisent ont déjà perdu l'essentiel de leur humanité et leurs rêves de puissance les condamnent à se perdre dans le vide d'une vaine jouissance. Ceux qui les plaignent soulagent leur conscience à peu de frais mais l'indignation ne vaut rien si elle n'est pas le début de la possibilité d'un changement social, comme l'écrivait Stéphane Hessel.

Ne pas se tromper de colère

Finalement, ma colère face à la capacité des pauvres à s'incruster dans toutes les dimensions de notre existence n'est rien à côté de celle qui me saisit quand je regarde le comportement des riches. Le problème n'est pas de savoir s'il est légitime ou non de courir après l'argent. Après tout, nous courons tous après quelque chose et tant que nous courons, c'est que nous sommes vivants. Libre à chacun donc de chercher à s'enrichir, et dans la mesure où mes revenus de fonctionnaire ne m'ont jamais fait manquer de rien, je ne vais pas chercher à culpabiliser, ceux qui le peuvent, de vivre dans le confort matériel d'une vie aisée durement acquise.

L'origine de ma colère repose sur une philosophie de bandes dessinées : *« Un grand pouvoir implique de grandes responsabilités »,* martèle l'Oncle Ben à son neveu Spiderman avant de mourir assassiné par la faute de ce dernier. Cette maxime presque kantienne, au fondement religieux très protestant, est pour moi une évidence antilibérale. En effet, si l'on ne peut pas reprocher aux pauvres d'être pauvres, car ils n'ont pas le superpouvoir de sortir de leur condition, on peut reprocher aux riches de ne pas se servir de leur puissance pour améliorer la vie de tous. Quitte à mobiliser Kant, disons que ce reproche devrait même devenir un « impératif moral » pour chacun d'entre nous, un devoir de révolte, même.

Car non seulement l'effet de ruissellement ne joue plus depuis près d'une génération, non seulement les pauvres ne recueillent plus aucune miette du festin des riches, mais l'effet joue à l'envers : ce sont les riches qui s'enrichissent plus que jamais de l'appauvrissement des pauvres. Comme l'écrit Joseph Stiglitz, qu'on ne peut aucunement soupçonner de marxisme, *« nous avons un système qui œuvre jour et nuit à faire passer l'argent du bas et du milieu vers le haut de l'échelle ».* En bon américain, il ajoute que le pire est que ce système est *« si inefficace que les gains des riches sont très inférieurs aux pertes des classes moyennes et des défavorisés ».*

Thomas Piketty doit sa renommée mondiale au fait d'avoir étudié assez exhaustivement l'évolution mondiale des inégalités. La montée des inégalités qu'il dénonce de concert avec Stiglitz est la preuve même que notre système ne fait qu'enrichir des élites, dans tous les pays où les capitaux s'accumulent, aux dépens et non pas au profit (même indirect) de la majeure partie de la population mondiale. Et encore : les études statistiques publiées par Piketty sous-estiment largement la réalité des inégalités. La limite de la mesure économique des inégalités est en effet de s'appuyer sur des indicateurs de patrimoine instantané : c'est-à-dire sur ce que possèdent *maintenant* les riches. Or cet enrichissement n'est rien de plus qu'une captation immédiate de ce qui sera produit plus tard, donc des *richesses volées aux générations futures*. Par définition, un investissement est un pari fait sur une création de richesse à venir dont l'investisseur « prend un droit » à en récupérer la plus grande part. Mais en détruisant les environnements, en surexploitant les ressources, en diffusant des particules mortifères dans l'alimentation, en tuant les savoir-faire et les cultures locales, en empêchant que chacun puisse organiser à sa façon l'existence qui lui convient, les riches, c'est-à-dire ceux qui ont le pouvoir de décider de nos existences, sont en train de ruiner leurs propres descendants. Et d'appauvrir définitivement l'humanité entière.

Les pauvres ont beau être surendettés, leurs dettes ne sont rien à côté de celles que les riches ont accumulées jusqu'à présent. Cette dette globale des humains les plus prédateurs présente toutes les caractéristiques de celle que l'humanité a envers la nature, et en particulier envers les animaux. Qu'on me permette cette dernière allégorie concernant les pauvres : ils entretiennent avec leurs contemporains une relation qui est proche de celle que nous avons avec les animaux. Les pauvres, on l'a vu, sont consommés par le système, parqués et traités avec très peu d'humanité, dans des conditions qui rejoignent celles des bêtes que l'on utilise pour la satisfaction de nos besoins. Le philosophe Dominique Lestel considère que la façon dont les animaux sont traités depuis l'aube de l'humanité nous a conduits à accumuler une dette envers eux qui sera impossible à rembourser, pour trois raisons : *« d'abord parce qu'elle plonge dans le passé immémorial de l'homme ; ensuite parce qu'elle s'étend jusqu'au futur le plus lointain de l'homme ; enfin parce qu'elle est sans fond »*. Cette dette ressemble de très près à celle que notre société accumule envers ses pauvres. Elles rejoignent toutes les deux ce que l'on nomme la *dette écologique.* L'intérêt de cette notion est d'affirmer que l'on ne pourra pas éternellement laisser une faible part de l'humanité détourner à son profit une part considérable des richesses *qui seront créées* dans les dizaines d'années à venir. Cette dette *passée et à venir* est impossible à évaluer financièrement, mais on doit impérativement en prendre la mesure intellectuelle et morale, ne serait-ce que pour pouvoir formuler ce qu'on leur doit. Ce serait là le début d'une reconnaissance dont il n'est plus possible qu'on les prive encore.

Car on ne devra plus éternellement affirmer que *« les pauvres sont responsables de l'existence des riches »* comme le disait le libéral anarchiste Max Stirner. Les pauvres, nous l'avons vu, font ce qu'ils peuvent et ne le font pas si mal que ça, après tout. S'ils étaient moins soumis et dociles qu'ils le sont aux contraintes du système, s'ils menaçaient véritablement les possibilités d'accumulation que mettent en œuvre les riches, s'ils se comportaient comme certains libéraux feignent de croire qu'ils devraient agir, en compétiteurs qui se lancent dans la bataille de tous contre chacun, on aboutirait à une guerre sociale d'une violence insoutenable. Il faut remercier les pauvres de se tenir à carreau. S'ils ne nous évitent pas le pire, puisque l'on y court quand même, ils nous épargnent au moins des affrontements sanglants.

Et les riches ? Quels sont leurs apports à la vie sociale ? Qui développera sur près de deux cents pages un ouvrage intitulé *Merci les riches* ? Qui peut montrer tout ce que font les individus ayant la maîtrise de leur existence pour que l'ensemble de la société avance en parfaite harmonie ? Qui montrera que les riches ont des limites, morales, financières, philosophiques, humanistes ?

Sans une grosse dose de mauvaise foi, personne n'osera écrire un tel livre. En revanche, on ne manquera pas de chroniqueurs économiques dans les grands médias pour nous expliquer que la faiblesse de la consommation actuelle est sans doute un gage de l'amélioration de notre compétitivité, puisqu'à force de baisser le pouvoir d'achat de nos travailleursconsidérés-comme-peu-productifs, leurs salaires finiront par être attractifs pour les investisseurs internationaux[35]. La compétitivité, comme la productivité, désigne des « capacités à... », comme on l'apprend aux élèves en cours de Sciences Economiques et Sociales. Il s'agit précisément de capacités à faire mieux que les autres. Sauf que ce « mieux » n'est jamais défini autrement que par une capacité à prendre la place des concurrents, quels que soient les moyens utilisés. A force de rechercher ce qui est utile, comme je le disais au premier chapitre, les économistes oublient de rechercher ce qui est juste ou bon. C'est sans doute le signe de la grande faiblesse intellectuelle de ces tristes penseurs, car n'importe quel sportif vous dira qu'il est facile de déterminer des règles permettant de sélectionner les meilleurs, comme on le fait dans toutes les coupes du Monde. Mais il est autrement plus complexe de trouver des règles de justice qui donnent à chacun la place qu'il mérite. Et les seules capacités valorisées par la science économique, la productivité et la compétitivité, ne serviront à rien en l'occurrence, car elles sont en réalité de simples prétextes pour justifier après coup les bonnes places prises par les nantis et pour exclure les incapables qui n'ont pu supporter la violence de la compétition.

Certes, il faudra encore un peu de temps pour que notre salaire minimum légal, qui ne sera même plus légal si les riches poussent leurs pions un peu plus loin, devenu enfin flexible sous la pression incessante du patronat, atteigne le niveau non pas des Asiatiques mais de nos partenaires européens : il est déjà deux fois plus faible en Espagne ou en Grèce, et dix fois plus faible en Roumanie ou en Bulgarie. Je ne doute pas cependant que si l'on continue dans cette voie, nous y arriverons enfin, à être *productifs* et *compétitifs* en termes monétaires ! Mais à quel prix humain, non évalué par les indicateurs économiques dominants ? Et qui peut croire que l'enrichissement provoqué par la chute des revenus des classes populaires aura le moindre effet de ruissellement, autre que

[35] Faut-il que je donne le nom de cet expert d'une grande station de radio ? Il succède à tant d'autres et sera suivi de clones qui marteleront jusqu'au délire les mêmes propos inconséquents.

celui de la sueur que l'on fera couler sur le front et aux flancs des pauvres surexploités ?

La logique de prédation des riches retrouve de nos jours la puissance qu'elle avait dans le capitalisme naissant du XIXe siècle. Et l'appauvrissement d'une frange toujours plus importante de la société, le dénuement dans lequel on met et l'on maintient une part considérable de la population sert précisément à justifier l'extraordinaire enrichissement des riches. Tels des Don Salluste contemporains, avec la même hargne mais sans la dérision de Louis de Funès dans *La folie des grandeurs*, les riches sont de plus en plus riches et trouvent normal que les pauvres, qui sont faits pour ça, soient de plus en plus pauvres.

Et les gens ordinaires, dans tout ça ?

Les individus qui peuplent les classes moyennes ne pourront pas conserver une posture d'observateurs neutres encore bien longtemps. Coincés entre deux façons de concevoir le monde, ils vont devoir décider de l'avenir qu'ils veulent construire et léguer à leurs enfants. Ils peuvent toujours se cacher derrière des lois historiques qui nous condamneraient à subir les mécanismes prétendument naturels du marché. Mais ce défaitisme politique n'est qu'une position frileuse. Car les membres des classes moyennes craignent de perdre ce qu'ils possèdent depuis peu de temps. Nombre d'entre eux se souviennent d'avoir été pauvres et n'en gardent aucune nostalgie. « Laisser-faire, laisser-aller » la société sur la pente où l'entraînent ceux qui décident de nos vies est encore pour eux un moindre risque. C'est même peut-être la condition pour espérer un jour accéder au club très fermé de ceux qui ont réussi à dominer leur entourage ; la condition pour faire partie de ceux qui imposent à leur environnement leur façon de produire, de détruire, et de s'enrichir. Mais cela ne se fera que s'ils méprisent tous ceux qui ne soutiennent pas un tel projet, tous ceux qui par peur ou par lâcheté se contentent de mener une existence médiocre. Sortir de la pauvreté, ou ne pas y retourner, ne se fait jamais en louant les vertus des pauvres gens.

Sauf si on les ignore ou si on les méprise, les pauvres nous rendent impuissants. Impuissants à les aider, à les remercier et à faire autre chose que se servir d'eux pour notre propre intérêt. On peut toujours ironiser sur le mépris des riches, comme le fit Galbraith, ou s'en révolter, comme James Agee, ignorer les pauvres reste la condition essentielle pour réussir matériellement. Car il n'est pas sans conséquence de compatir au malheur des pauvres. Je parle d'une véritable compassion, pas de cette vague pitié qui nourrit les bonnes consciences et leur promet le paradis. La compassion, et tant pis si ce terme est d'origine chrétienne, désigne la capacité de « souffrir avec ». Personnellement, je parlerais volontiers de « partager *toutes les passions* avec… », car les catholiques m'agacent quand ils ne veulent partager *que* la souffrance. La joie, l'émerveillement, le rire ou la tendresse des autres ne peuvent être vécus en commun que si l'on fait preuve de compassion. Or à partir de l'instant où vous développez cette qualité humaine et la dirigez vers les pauvres, vous vous condamnez vous-même à le devenir et à le rester. L'impuissance qu'ils provoquent chez ceux qui les comprennent et qui partagent leur humanité transforme ceux qui compatissent à la pauvreté en pauvres « à vie ». Admettre cette situation, c'est déjà *prendre le parti des pauvres*. Une attitude risquée mais salutaire.

Car nous ne serons pas tous des gagnants. Nous ne serons pas tous des Mozart. Nous ne serons pas tous aimés de Dieu[36]. Nous ne serons pas tous ultra-riches. Et ceux qui le seront tireront leur gloire de l'humiliation des autres, qui ne pourront pas rivaliser avec eux. Car ceux qui maîtrisent sont trop souvent ceux qui méprisent. Bien sûr, Mozart a fini matériellement pauvre, mais ce n'est pas la question. Son génie était insolent, méprisant même (une scène clé du film est celle où il parodie en public les œuvres de Salieri en improvisant de façon grotesque). La question posée par Milos Forman dans le film est celle de savoir si l'on mérite ou non son talent.

Les membres des classes moyennes ressemblent au compositeur Salieri dans la dernière scène du film *Amadeus*. On le voit finir sa vie dans un hospice d'indigents, de fous et d'inadaptés, où il se confie à un jeune prêtre. Salieri a travaillé toute sa vie pour tenter de gagner la première place. Il croyait à

36 Ce que signifie Amadeus, en latin.

la promesse que fait la société à ceux qui travaillent sans relâche pour devenir des gagnants. Il ne voulait pas être médiocre. Il voulait être le meilleur. Mais personne ne mérite son talent ou son absence de talent. Pas plus Mozart que Salieri. Entre ambition paternelle et don de Dieu (ou de la Nature), les hasards de sa naissance ont fait d'Amadeus le meilleur dans son domaine. Les autres ne peuvent rivaliser. Salieri comprend à la fin de sa vie que pour *un* génie, ou *un* gagnant qu'elle fabrique, la société s'encombre d'une multitude, d'une nuée de médiocres qui ont cru au mérite. Se découvrant alors une fraternité avec les exclus, les petits et les impuissants, Salieri finit par s'exclamer :

« Je parle pour toutes les médiocrités du monde. Médiocrités de partout, je vous absous ! »

Il aura fallu une vie entière à l'ambitieux Salieri pour comprendre que les démunis et les incapables ne sont pas coupables de ce qu'ils sont. Et quels que soient les reproches que nous pouvons leur faire, nous devons nous aussi comprendre que les pauvres doivent être défendus et reconnus. Pour eux, mais aussi pour nous. Pour que nous le soyons tous, en toute situation.

Il faut *prendre le parti* des pauvres.

C'est facile, me direz-vous, quand on ne l'est pas ?

Essayez donc, pour voir…

Merci les pauvres, mais merci aussi…

James Agee et **Walker Evans**, pour *Louons maintenant les grands hommes* (Plon, 2017)

Stéphane Hessel, pour *Indignez-vous* (Indigènes Editions, 2011)

Milos Forman, pour *Amadeus* (Warner Home Video)

Albert Jacquard, pour *Le souci des pauvres* (Calmann-Lévy, 1993)

Dominique Lestel, pour *L'animal est l'avenir de l'homme* (Fayard, 2010)

Thomas Piketty, pour *Le capital au XXI° siècle* (Le Seuil, 2013)

Karl Popper, pour *A la recherche d'un monde meilleur* (Les belles lettres, 2011)

REMERCIEMENTS

J'ai déjà remercié beaucoup (trop ?) de monde. Mais les derniers ne seront pas les moindres, comme disent les anglophones…

Mon épouse et notre amie Caroline ont relu la première version de cet ouvrage et m'ont fait profiter de leurs commentaires stimulants, pertinents et encourageants.

Claude Rousseau a été un relecteur providentiel : sa maîtrise des Sciences Economiques et Sociales et son esprit critique m'ont été d'un grand secours. Il m'a permis également d'éviter les erreurs et les omissions les plus gênantes. Je suis seul responsable de celles qui subsistent.

Mon père est sûrement à l'origine d'une bonne partie des réflexions et des indignations qui traversent ce livre. L'écriture de cet essai est une façon de le remercier de m'avoir transmis ces valeurs-là.

Mes trois enfants hériteront à leur tour des mille questions posées tout au long de ces pages. Je les remercie de savoir y être sensibles et, pourquoi pas, de faire passer le message aux générations à venir…

Structures éditoriales du groupe L'Harmattan

L'Harmattan Italie
Via degli Artisti, 15
10124 Torino
harmattan.italia@gmail.com

L'Harmattan Hongrie
Kossuth l. u. 14-16.
1053 Budapest
harmattan@harmattan.hu

L'Harmattan Sénégal
10 VDN en face Mermoz
BP 45034 Dakar-Fann
senharmattan@gmail.com

L'Harmattan Cameroun
TSINGA/FECAFOOT
BP 11486 Yaoundé
inkoukam@gmail.com

L'Harmattan Burkina Faso
Achille Somé – tengnule@hotmail.fr

L'Harmattan Guinée
Almamya, rue KA 028 OKB Agency
BP 3470 Conakry
harmattanguinee@yahoo.fr

L'Harmattan RDC
185, avenue Nyangwe
Commune de Lingwala – Kinshasa
matangilamusadila@yahoo.fr

L'Harmattan Congo
67, boulevard Denis-Sassou-N'Guesso
BP 2874 Brazzaville
harmattan.congo@yahoo.fr

L'Harmattan Mali
Sirakoro-Meguetana V31
Bamako
syllaka@yahoo.fr

L'Harmattan Togo
Djidjole – Lomé
Maison Amela
face EPP BATOME
ddamela@aol.com

L'Harmattan Côte d'Ivoire
Résidence Karl – Cité des Arts
Abidjan-Cocody
03 BP 1588 Abidjan
espace_harmattan.ci@hotmail.fr

L'Harmattan Algérie
22, rue Moulay-Mohamed
31000 Oran
info2@harmattan-algerie.com

L'Harmattan Maroc
5, rue Ferrane-Kouicha, Talaâ-Elkbira
Chrableyine, Fès-Médine
30000 Fès
harmattan.maroc@gmail.com

Nos librairies en France

Librairie internationale
16, rue des Écoles – 75005 Paris
librairie.internationale@harmattan.fr
01 40 46 79 11
www.librairieharmattan.com

Lib. sciences humaines & histoire
21, rue des Écoles – 75005 Paris
librairie.sh@harmattan.fr
01 46 34 13 71
www.librairieharmattansh.com

Librairie l'Espace Harmattan
21 bis, rue des Écoles – 75005 Paris
librairie.espace@harmattan.fr
01 43 29 49 42

Lib. Méditerranée & Moyen-Orient
7, rue des Carmes – 75005 Paris
librairie.mediterranee@harmattan.fr
01 43 29 71 15

Librairie Le Lucernaire
53, rue Notre-Dame-des-Champs – 75006 Paris
librairie@lucernaire.fr
01 42 22 67 13

www.ingramcontent.com/pod-product-compliance
Lightning Source LLC
La Vergne TN
LVHW010940061026
849535LV00007B/2492
* 9 7 8 2 3 4 3 1 4 3 1 0 1 *